少林铁腿绝技

赵 超 主编

北京体育大学出版社

策划编辑　吴海燕
责任编辑　吴海燕
责任校对　文冰成
版式设计　博文宏图

图书在版编目（CIP）数据

少林铁腿绝技/赵超主编．－－2版．－－北京：北京体育大学出版社，2017.6（2019.7重印）
ISBN 978－7－5644－2619－4

Ⅰ．①少…　Ⅱ．①赵…　Ⅲ．①少林拳－基本知识
Ⅳ．①G852.15

中国版本图书馆CIP数据核字（2017）第131396号

少林铁腿绝技　　赵　超　主编

出版发行：北京体育大学出版社
地　　址：北京市海淀区农大南路1号院2号楼B－421
邮　　编：100084
网　　址：http：//cbs.bsu.edu.cn
发 行 部：010－62989320
邮 购 部：北京体育大学出版社读者服务部010－62989432
印　　刷：北京虎彩文化传播有限公司
开　　本：710mm×1000mm　1/16
成品尺寸：240mm×170mm
印　　张：12
字　　数：200千字
版　　次：2014年1月第1版　2017年8月第2版
印　　次：2019年7月第2次印刷
定　　价：35.00元

编　委　会

北魏太和年间，跋陀主持嵩山少林寺，招收数十名孤儿为小沙弥，教授武术，此为少林武术之开端。

据传，跋陀弟子僧稠尤擅铁腿功，功力超人，可一踢断树，被尊为少林寺第一武僧，此为少林腿功之开端。

据传，隋末少林武僧昙宗即是腿功高手，他带领棍僧协助唐军作战，一脚制服了郑军将领王仁则。

据传，北宋政和年间，少林武僧惠威曾用铁腿功踢死了进犯少林寺的金兵大将。

明初，少林寺小山和尚挂诏讨帅印抗击倭寇扰边，少林铁腿令倭寇闻风丧胆。

明代嘉靖年间，少林寺月空等四十余位武僧赴浙江沿海抗倭，以少林铁腿功屡建战功。

清代，少林寺玄志和尚路见不平，以铁腿功横扫强抢民女的恶少及打手。

少林铁腿，功夫绝技，千年传承，高手辈出，威震武林。

目 录

第一章　少林铁腿功

少林武技以刚猛享誉武林，其铁腿功更是勇猛超常。少林铁腿功来自少林金刚门，整套功法分为四个部分，下面详细介绍。

第一节　柔　功

拳谚讲“宁练筋长一寸”，在腿功上，指的是练习和发展腿部韧带的柔韧性，俗称柔功。柔功是铁腿功夫的基础，它可以增强腿法踢击的灵活性，从而令招法多变，使敌难防。

一、压　腿

（一）正压腿

【动　作】

1. 右腿屈膝半蹲，左腿前伸，膝关节挺直，脚尖向上勾紧。上体前俯，两手按住左膝关节向下压振。（图1－1）

2. 右腿直立，将左脚跟放在与髋部同高的物体（或压腿支架）上，脚尖勾紧。两手扶按在膝关节上（或双手抱住脚掌），上体向前、向下做压振动作。（图1－2）

【要　点】

1. 被压的腿要收髋、挺膝，脚尖勾紧。

2. 压腿的力量由轻到重，振幅由小到大。

3. 被压腿要正对胸前，大腿根部收紧，挺膝，尽量把脚尖勾紧。

4. 左右腿交替练习。

5. 压腿到一定程度后，双手扳住脚掌，用前额触及脚尖，并停住不动，尽量维持时间长一些，之后把脚放下来，做些踢、摆动作，再继续练习。

图 1－1

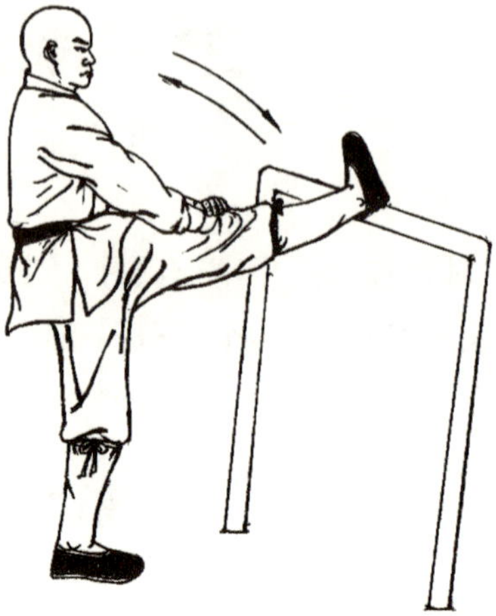

图 1－2

（二）侧压腿

【动　作】

1. 右腿屈膝半蹲，左腿侧伸，膝关节挺直，脚尖向上勾紧。右臂屈肘置于胸前，左臂屈肘架于头顶，上体向左侧前方压振。（图 1－3）

2. 身体侧对一定高度的物体或压腿杠架，上体向侧前方压振。（图 1－4）

图 1－3

图 1－4

【要　点】

与“正压腿”相同。

（三）后压腿

【动　作】

1. 左腿屈膝全蹲，右腿向后伸直，脚尖绷直，膝盖和脚面着地。上体后仰压振。(图 1－5)

2. 背对与髋部同高的物体或杠架，右腿后伸，将脚面放在物体上，脚踝绷直。两手叉腰，上体做后仰的压振动作。(图 1－6)

图 1－5

图 1－6

【要　点】

1. 挺胸，展髋，上体后仰。

2. 可先站立做些转腰、展髋、仰身的动作。

3. 注意动作要点，振压幅度逐渐加大，左右腿交替练习。每一次练习后，可结合做一些腿法的踢摆动作。

4. 肩放平，髋转正，压腿正对体后，两膝挺直并保持适度紧张，支撑腿脚趾抓地。

（四）仆步压腿

图1－7

【动　作】

右腿屈膝全蹲，左腿挺膝伸直，脚尖里扣。两手分别抓握两脚，以仆步向下压振。（图1－7）

【要　点】

1. 可先将两手放在两腿膝关节上，上体尽量立起，做上下压振练习。

2. 两手抓握两脚，塌腰，裆部尽量下沉接近地面，压、耗结合。左右交替练习。

3. 仆步腿要直，脚掌外侧不可离地。挺胸、塌腰、沉髋。

二、扳　腿

（一）正扳腿

【动　作】

1. 右腿直立，左腿屈膝上提。右手握住左脚，左手抱膝。（图1－8）

2. 右手握住左脚上扳，同时，左腿挺膝向前上方举起，左手压住左腿膝关节。（图1－9）

3. 也可将腿高举贴在墙壁上压。（图1－10）

图1－8

图1－9

图1－10

【要　点】

1. 挺胸、塌腰、收髋、挺膝，脚尖勾紧，支撑腿和上体尽量保持正直。

2. 其他要点与“正压腿”相同。

（二）侧扳腿

【动　作】

1. 右腿直立，左腿屈膝提起，左手经小腿内侧托住左脚跟。然后将左腿向左上方扳起。（图 1 –11）

2. 也可将腿举靠在墙壁上，身体里靠扳压。（图 1 –12）

图 1 –11

图 1 –12

【要　点】

1. 支撑腿与上体要正直，开髋，别胯。

2. 侧扳腿难度较大，需具备一定的柔韧素质，练习前应先做压腿、下叉练习。最好有同伴协助，逐渐用力上扳，到极限后应保持片刻，再结合做一些踢腿动作。左右交替练习。

3. 为保证动作规范，异侧手可先扶住物体，上体直立，两腿膝关节挺直，开髋，支撑腿脚趾抓地。

（三）后扳腿

【动　作】

1. 手扶一定高度的物体或杠架。左腿直立，由同伴托起右腿向身体后上方扳举。（图 1－13）

2. 同伴也可以用肩扛着练习者后伸腿膝关节的上方，向上推其腿，同时，双手下扳练习者大腿根部。（图 1－14）

图 1－13

图 1－14

【要　点】

与“后压腿”要点相同。

三、劈　叉

（一）竖　叉

图 1－15

【动　作】

两臂侧平举或两掌扶地。两腿前后分开成直线，左腿后侧着地，脚尖向上，右腿内侧或前侧着地。（图 1－15）

【要　点】

1. 挺胸、立腰、沉髋、挺膝，两腿成一条直线。

2. 劈叉前应先做压腿等练习，然后手扶杠架做逐步向下劈腿动作。

3. 手不扶地向下劈叉时，上体可配合做前俯后仰动作。前俯时也可双手握住前位脚，下颌尽力前伸，接近脚尖，并保持片刻。

4. 同伴帮助时，两手向后扳其双肩，脚踩其后腿根部，上下踩振；踩住后可再适当保持片刻。向前俯身也可采用此方法，但最好是用双手按住髋部或腰部向前、向下助力。

（二）横　叉

【动　作】

两臂侧平举或两掌在体前扶地。两腿左右分开成直线，脚内侧着地或脚尖上跷。（图 1－16）

【要　点】

与“竖叉”要点相同。

图 1－16

四、控　腿

图 1－17

【动　作】

右腿直立，左腿屈膝上提，随即向左侧上方举起，膝关节挺直，脚面绷平。（图 1－17）

【要　点】

1. 支撑腿立直，脚趾抓地；收腹、立腰，头向上顶；左腿充分上提，股四头肌绷紧，膝关节挺直，脚面绷平，用力上举。

2. 侧控腿属高难动作，是腿功的集中体现。只有不断地坚持压腿、扳腿、劈叉，使腿能扳过头顶，叉能下到底，才有可能做好控腿动作。

3. 要在髋和腿各关节、肌肉、韧带充分活动开后，再进行侧控腿练习。扳腿与控腿组合练习效果最好。

第二节 快功

快功，顾名思义，就是专门练习出腿的速度。速度快了自然产生更大的踢击力量，同时也是踢敌难防的重要因素。武谚讲“招无不破，唯快不破”即指此意。

一、正踢腿

【动 作】

1. 并步站立，两臂一字平肩侧平举，竖掌坐腕，目视前方。（图 1－18）

2. 左脚向前进半步，左腿伸直，右脚跟提起。（图 1－19）

图 1－18

图 1－19

3. 右腿伸直，脚尖勾紧向前额上方踢起。（图 1－20）

4. 右腿保持适度紧张向前下落，脚面绷平轻着地面。（图 1－21）

图 1－20

图 1－21

【要　点】

1. 收腹、立腰、挺胸，脚尖勾起绷落或勾起勾落。

2. 做此练习前先做压腿和劈腿练习。

3. 可手扶杠架或支撑物进行原地踢腿练习。

4. 可左右交替进行踢腿练习。

5. 强调收下颏、头上顶、立腰、两掌外撑固定胸廓。两腿膝关节挺直。初练者可以放慢踢腿速度，逐渐提升踢腿高度。

二、侧踢腿

【动　作】

1. 并步站立，两臂分撑于体侧，竖掌坐腕，目视前方。（图 1－22）

图 1－22

2. 右脚向前盖步。(图 1－23)

3. 身体右转，左脚尖勾起向左侧踢起，同时，右臂上举亮掌，左臂屈肘，左掌立于右肩侧。(图 1－24)

4. 左脚保持适度紧张下落，脚面绷平轻着地面。(图 1－25)

图 1－23

图 1－24

图 1－25

【要　点】

1. 基本要点与“正踢腿”相同。

2. 注意支撑腿脚尖外展，上体右转保持正直，摆动腿的大腿根部收紧向上侧踢。

三、外摆腿

【动　作】

1. 并步站立，两臂侧举成一字平肩，竖掌坐腕，目视前方。(图 1－26)

2. 左脚向前上步踏实，右脚脚尖勾紧向左侧上方直腿踢起。(图 1－27、图 1－28)

3. 右腿经面前向右侧上方摆动（图 1－29)。然后，右腿保持适度的紧张下落，还原成起势。

图 1 –26

图 1 –27

图 1 –28

图 1 –29

【要　点】

1. 挺胸、立腰、收腹、展髋，先踢后摆，幅度要大。

2. 初练摆腿时可先放低高度，充分展髋加大外摆幅度。

3. 其余要点与“正踢腿”相同。

四、里合腿

【动 作】

1. 并步站立，两臂侧举成一字平肩，竖掌坐腕，目视前方。（图 1－30）
2. 左脚向前上步踏实。（图 1－31）
3. 右脚勾紧脚尖，向左头侧踢起。（图 1－32）
4. 保持适度的紧张下落，前脚掌轻着地面。（图 1－33）

图 1－30

图 1－31

图 1－32

图 1－33

【要 点】

与“外摆腿”相同。

五、弹 腿

【动 作】

1. 并步站立，两拳抱于腰间，目视前方。(图1－34)

2. 左脚向前上步踏实，左腿伸直，右腿屈膝提起，大腿与腰平。(图1－35)

3. 右腿迅速挺膝，右脚面绷平，以脚尖为力点向前弹击，大腿与小腿成一直线，高与腰平。(图1－36)

图1－34

图1－35

图1－36

【要 点】

1. 挺胸、收腹、立腰、收髋、挺膝，弹击要有爆发力。

2. 初练时可原地提膝绷脚尖，做慢伸膝动作，并适当加以控制，体会动作路线及要领。

3. 上步低弹，要体会爆发用力。

4. 两腿交替练习弹踢。

5. 注意脚面绷紧，脚不要抖动，并适当进行控腿训练以增强大腿肌力。

六、侧踹腿

【动　作】

1. 并步站立，两拳抱于腰间，目视前方。（图 1－37）

2. 右腿向左侧盖步，膝关节微屈，左腿伸直，头向左转，目视左方。（图 1－38）

图 1－37

图 1－38

3. 右腿伸直，左腿提起，脚尖内扣，脚跟用力向左侧上方踹出，同时，上体右倾，目视左腿。（图 1－39）

【要　点】

1. 可先手扶杠架或其他支撑物做慢动作侧踹腿练习，体会动作要领和起腿的动作路线。

2. 可先原地做侧踹腿练习，体会挺膝和用爆发力。

3. 左右腿交替进行侧踹腿练习。

图 1－39

4. 强调先侧身收髋，大腿与小腿平行收紧，脚尖内扣再开髋，挺膝向侧上方踹出。

七、腾空飞脚

【动　作】

1. 并步站立，两臂自然垂于体侧，目视前方。（图 1－40）

2. 右脚向前迈步，膝关节稍屈，脚跟着地，上体稍后仰，两臂自然后摆。（图 1－41）

3. 右脚踏实用力蹬地向上跳起，左腿随之上摆，膝关节弯曲，同时，两臂向上摆起，右掌以掌背碰击左掌心，目视前方。（图 1－42）

4. 身体向上腾起，右腿挺膝向前上方踢摆，脚面绷平，左腿上提收紧，同时，左掌直臂摆至头部左上方，右掌拍击右脚面，目视右脚。（图 1－43）

5. 左右脚依次落地。（图 1－44）

图 1－40

图 1－41

图 1－42

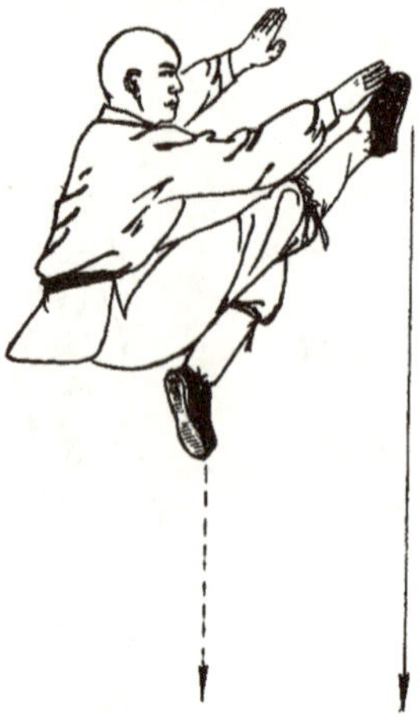

图 1 –43

图 1 –44

【要　点】

1. 起跳腿要充分蹬伸，上体后倾要伴随向前送髋，同时提气、立腰、头上顶，两臂和摆动腿快速上摆；空中动作要收髋、收腹，上体稍前压；落地动作要用前脚掌先着地，然后过渡到全脚，随之屈膝、屈髋加以缓冲，并保持适度紧张。

2. 可先做原地或行进间拍脚练习。

3. 可先做原地或行进间蹬地、提膝，两手在头上击响动作的练习。

4. 可先做快速上步或击步的摆臂练习。

5. 可先做上步腾空动作练习。

八、旋风脚

【动　作】

1. 并步站立，两臂自然垂于体侧，目视前方。（图 1 –45）

2. 左脚向前迈步，身体右转，左手前摆，右臂伸直后摆。（图 1 –46）

3. 身体左转稍前俯，同时，右脚向前上步，屈膝，脚尖内扣，右臂随之向上抡摆。（图 1 –47）

4. 右脚蹬地向上纵起，同时，左腿屈膝提起向左后上方摆动；上体随之向左上方拧转，两臂向下、向左上方抡摆。（图 1－48）

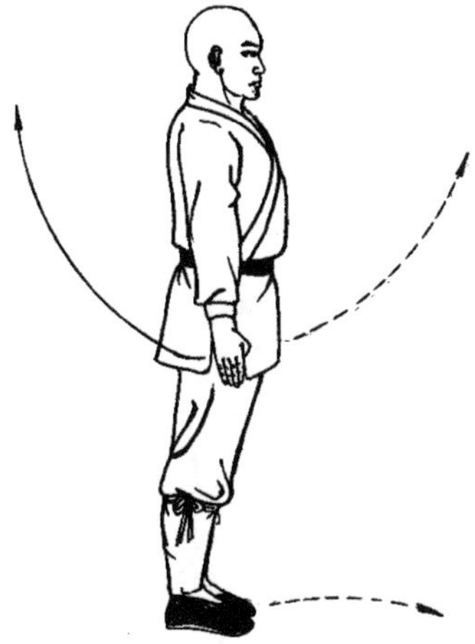

图 1－45

图 1－46

图 1－47

图 1－48

5. 在空中，身体旋转一周，同时，右腿向上、向左里合，左掌在脸前侧方迎击右脚掌。（图 1 – 49）

6. 左右脚依次或同时以脚前掌领先落地。（图 1 – 50）

图 1 –49

图 1 –50

【要　点】

1. 起跳时，随前脚掌碾转地面，要积极摆臂、拧腰，使踝、膝、髋关节充分蹬伸；空中动作要敛臀、立腰、头上顶，身体的旋转不得少于 270 度；落地要用前脚掌先接触地面，膝关节微屈。

2. 多做里合腿练习。里合时支撑腿脚尖着地或稍离地面，膝关节挺直，敛臀提肛，立腰拔顶。

3. 在踏跳时，向前俯身和向上翻转动作不可过大，上体要保持正直，收腹、立腰，头向上顶，眼平视。

九、腾空外摆莲

【动　作】

1. 并步站立，两臂垂于体侧，目视前方。（图 1 – 51）

图 1 –51

2. 右脚向前弧形进步，脚跟着地，脚尖外摆，上体稍向右转，同时，两臂后摆。（图 1 –52）

3. 右脚蹬地向上跳起，左腿向右上方踢摆。两掌随之上摆于头上方击响，身体腾空后继续向右旋转。（图 1 –53）

4. 在空中左腿屈膝，右腿向上、向右踢摆，同时，两手先左后右依次击拍右脚面，上体稍前俯。目视右脚。（图 1 –54）

5. 左右脚依次落地，或双脚同时落地。（1 –55）

图 1 –52

【要　点】

1. 上踢画弧，身体稍向右倾；右脚蹬地要送髋，脚尖外展，踝、膝、髋关节充分伸展；左腿尽力上摆或屈膝提起，两臂弧形用力上摆，身体快速右转，稍前倾；外摆腿要开胯、挺膝，经面前向右弧形摆动，脚面绷平。

2. 摆动腿如做分腿，要开胯、挺膝，脚向外蹬伸；如做提膝，要随转体尽力上提并向里合扣。

3. 落地时，无论是单脚、双脚，都要脚前掌先着地，屈膝缓冲，并保持适度紧张。

图 1 –53

图 1 –54

图 1 –55

第三节　力　功

如果腿部力量不够，即使踢中也不能杀伤敌方，等于空发，招就无用。所以在练习腿功柔韧和出腿速度后，就要加强力量训练，俗称“力功”。

一、提石锁下蹲

【动　作】

双手抓住石锁的锁簧，垂臂提于体前，两腿开立约与肩同宽。做屈膝深蹲与蹬腿起跳练习。次数以练习者体力而定。（图 1－56）

【要　点】

练习时两臂要直，不要俯身。也可以站在台阶上，石锁放在台阶下面进行练习。

【作　用】

增强股四头肌力量和弹跳力。

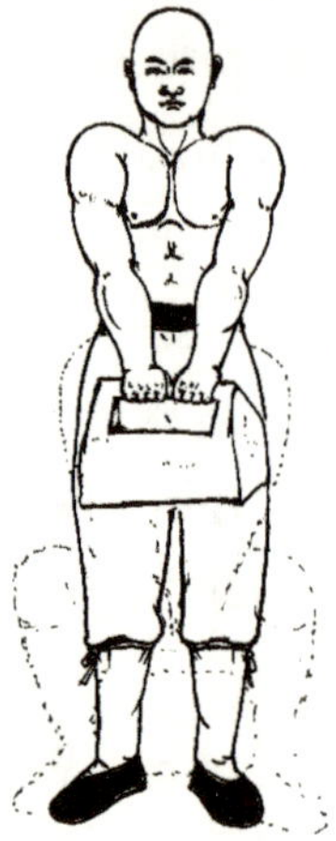

图 1－56

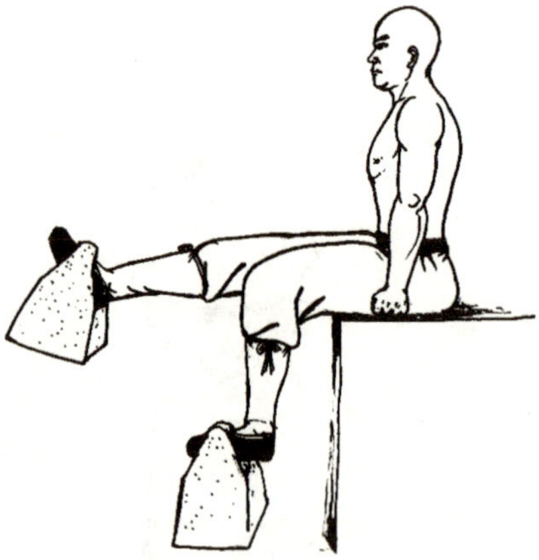

图 1－57

二、脚勾石锁腿屈伸

【动　作】

练习者坐在高凳或台阶上，一脚勾住一个石锁，做腿屈伸练习。次数根据练习者体力而定。（图 1－57）

【要　点】

练习时上体要正直。

【作　用】

增强股四头肌力量。

三、负重侧马步蹲立

【动　作】

1. 练习者将自己能承受重量的石担（或杠铃），横担在后肩上，两手屈臂托举住横杠于肩外侧方，两脚成大开步站立。（图1－58）

2. 右腿伸直，左腿屈膝全蹲，重心落于左腿。（图1－59）

图1－58

图1－59

3. 左右腿交替练习。

【要　点】

下蹲时单脚负重，挺胸直腰。

【作　用】

增强腿部伸肌的力量和髋关节、踝关节的柔韧性。

图1－60

四、负重蹲起

【动　作】

将石担托举于两肩前，做半蹲或全蹲练习。次数据练习者体力而定。（图1－60）

【要　点】

下蹲时脚趾抓地，两腿用力要均匀。

【作　用】

主要增强股四头肌力量。

五、负重提踵

【动　作】

将石担横担于后肩，两脚并步直立，在挺膝伸直的桩势下，做提踵练习。练习次数据练习者体力而限。（图 1－61）

【要　点】

练习时，上体不要前倾或前俯。

【作　用】

增强小腿三头肌和胫骨后肌的力量。

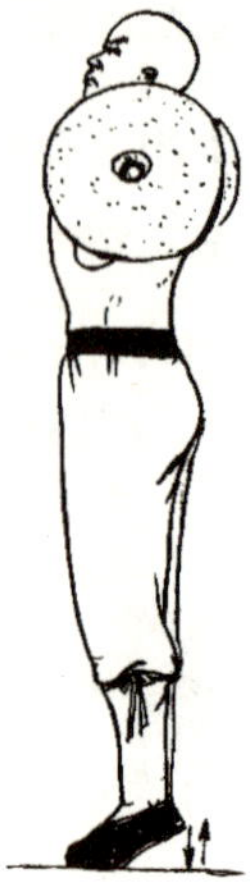

图 1－61

六、沙绑腿训练法

【动　作】

1. 选择 2～3 公里的山道，每天早晨，练习者两小腿戴上沙绑腿进行奔跑训练。（图 1－62）

图 1－62

2. 选择高低不平的山路或乱石嶙峋之地，练习者两小腿系上沙绑腿，进行奔跑、跳跃和上高、下低的练习。（图 1 – 63）

图 1 – 63

3. 选择一坡石阶，全程在 500 米以上为好。练习者系上沙绑腿，从石阶的底层向上跳跃或奔跑。每天练习，直至力乏为止。（图 1 – 64、图 1 – 65）

图 1 – 64

图 1－65

【要　点】

步法轻巧，小沙袋的重量要由轻渐重。初练时可带上 0.5 公斤左右重的沙绑腿。

【作　用】

增强腿部肌群力量与灵活性。

第四节　硬　功

如果腿部没有足够的硬度，即使踢中也难以予敌重创，而且还会导致自己受伤，得不偿失。所以腿上有了柔韧性、出击速度和力量后，还要重点练习腿部的硬度，即硬功。铁腿功就是把双腿练得坚硬如铁。

一、排　打

用小沙袋或木棒对左右腿的膝、小腿前胫、脚背等部位进行排击。（图 1－66、图 1－67）

可多排打关节部位。开始不要太用力，直至排击腿部发热时，逐渐加大力度，不可用蛮力击打。

排打后，如感腿部发胀，可用热水冲洗，以助气血运行。切忌用凉水洗腿部。

图 1－66

图 1－67

二、踢　桩

选择粗壮的木桩为练习对象，两脚以不同的角度和姿势，对木桩进行蹬、踹等练习。（图 1－68～图 1－71）

图 1－68

图 1－69

图1－70

图1－71

每天坚持两脚各蹬、踹500次以上，力量由轻到重，日久自然功成，双脚则有摧枯拉朽之功。

三、踢沙袋

用大沙袋为练习工具，重量在100公斤以上为宜，吊挂高度一般以齐头、平膝为准。

练习时，双脚交替对沙袋进行踹、弹、扫、撩等练习。（图1－72～图1－74）

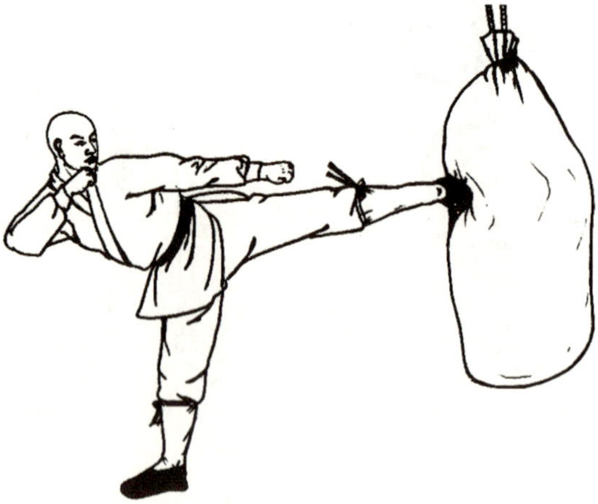

图1－72

图1－73

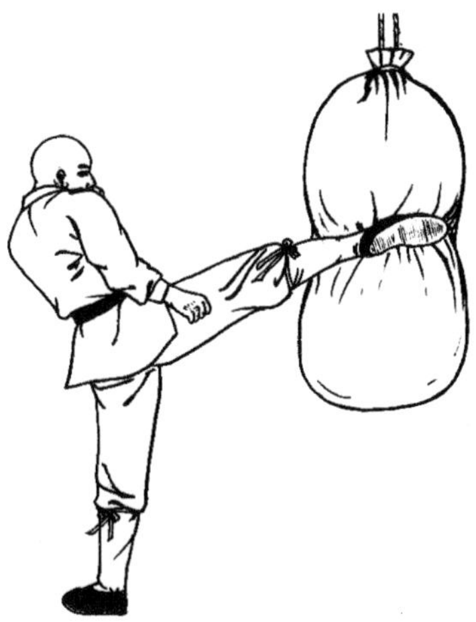
图1－74

第二章 少林腿法入门

第一节 步 法

技击以五法为基，五法即手法、眼法、身法、腿法、步法。五法中以步法为主，若步法不灵，腿法必拘执；腿法拘执，身法必笨拙；身法笨拙，则手法必迟慢，眼法也无所用。当然五法不能割裂开来，应协调一致。

一、上 步

上步即后脚上步至前位脚之前。

【动 作】

1. 左开门势站立。（图 2 －1）

2. 右脚蹬地，经左脚内侧向前上一步，可变成右开门势。（图 2 －2）

图 2 －1

图 2 －2

3. 若跨出的右脚脚尖外展，重心移至右腿，又可以形成左叉步。（图 2－3）

4. 右开门势站立时，动作相反。

【作　用】

上步是快捷逼近对方，也是正面腾空腿攻的重要一环。左叉步便于起左腿攻击。

图 2－3

二、进　步

前位脚向前跨半步，后位脚跟进半步。

【动　作】

1. 左开门势站立。（图 2－4）

2. 提左脚向前跨步。（图 2－5）

3. 右脚顺势跟进，可成左开门势站立。

图 2－4

图 2－5

【作　用】

进步是为了缩短距离，逼近对方，便于起腿攻击。

三、跟　步

后位脚向前位脚迈进半步靠拢。

【动　作】

1. 左开门势站立。（图 2－6）

2. 重心前移，右脚蹬地上步落于左脚内侧。（图 2－7）

图 2－6

图 2－7

【作　用】

跟步是为了隐性地缩短距离，同时便于观察对方，以左脚进行突然进攻，施以弹腿、蹬腿、前点、侧踹等腿法。跟进的脚尖要尽量外展。（图 2－8）

图 2－8

四、跟进步

后位脚向前迈进半步后，前位脚又向前迈进半步，保持原来站立姿势。

【动　作】

1. 左开门势站立。（图 2－9）
2. 重心前移，右脚蹬地上步落于左脚内侧。（图 2－10）
3. 重心后移至右腿，左脚向前跨半步，恢复左开门势站立。（图 2－11）

图 2－9

图 2－10

图 2－11

【作　用】

跟进步的作用是为了快速逼近对方，寻找攻击空当，施以腿法攻击。

五、退　步

后位脚向后退一步，前位脚回收保持原来的站立姿势。

【动　作】

1. 左开门势站立。（图 2－12）

2. 提起右脚后退一步，前脚掌先着地。（图 2－13）

图 2－12

图 2－13

3. 接着，左脚蹬地，随即右脚向后拖步，仍保持左开门势站立。（图 2－14）

图 2－14

【作　用】

退步用在对方逼近时，是为了与对手保持一定距离，以防对方突然进攻。

六、插　步

又名偷进步，后位腿经前位腿后面向侧前方落脚。

【动　作】

1. 左开门势站立。（图 2－15）

2. 重心前移至左腿，右脚蹬地提腿，经左腿后向前插进，上体尽量保持不变。（图 2－16）

图 2－15

图 2－16

【作　用】

由于插步是后位腿在前锋腿的遮挡下，从后侧插进的，上身又没有多大变化，或加之左手佯攻，使插步具有一定的隐蔽性，故名“偷进步”。

七、跨　步

前位脚向前或后位脚向侧上步，加大两脚距离，并使重心移至跨出的腿上。

【动作一】

1. 左开门势站立。（图 2－17）

2. 左脚提起向左前方迈进，重心前移至左腿，右脚脚跟提起。（图 2－18）

【作　用】

此为前脚跨步，目的是缩短与对手的距离，准备以右（后）腿进攻或避开对方直线攻击。

【动作二】

1. 左开门势站立。（图 2－19）

2. 重心前移，右脚蹬地向右前方上一大步，重心移至右腿，左脚脚跟提起。（图 2－20）

【作　用】

此为后脚跨步，目的是斜向闪进，避让对方直线阻击，准备以左腿进攻。

图 2－17

图 2－18

图 2－19

图 2－20

八、撤　步

前位脚向后位脚退一步，或退至后位脚后方。

【动　作】

1. 左开门势站立。（图 2－21）

2. 左脚蹬地向右脚内侧退落，成左丁步。（图 2－22）

3. 也可使左脚向右脚后方退落，形成左叉步。（图 2－23）

4. 也可变成右开门势站立。（图 2－24）

图 2－21

图 2－22

图 2－23

图 2－24

【作　用】

撤步是为了退防，同时也便于左腿攻击，或左拧腰用右腿后摆、侧弹等腿法攻击对方。

九、击　步

一只脚向另一脚摆动，使另一脚随摆动脚所摆动的方向跳步移位。此步法也称为“垫步”。

【动作一】

1. 左开门势站立。（图 2－25）

2. 左脚提起向右脚摆动，右脚在左脚即将靠拢时，迅速蹬地向左脚摆动方向跳步，使左脚落于右脚原位置。（图 2－26）

3. 右脚后落一步，仍保持左开门势。（图 2－27）

图 2－25

图 2－26

图 2－27

【作　用】

此为后击步，多为闪避对方突然进攻使用。

【动作二】

1. 左开门势站立。（图 2－28）

2. 右脚提起向左脚摆动，左脚在右脚即将靠拢时迅速蹬地向右脚摆动方向跳步，使右脚落于左脚原位置。（图 2－29）

3. 左脚前落一步，仍保持左开门势。（图 2－30）

图 2－28

图 2－29

图 2－30

【作　用】

此为前击步，它多用在进攻和紧逼上。

十、换跳步

前位脚、后位脚依次腾空后，依次落地。

【动　作】

1. 左开门势站立。（图 2－31）

图 2－31

2. 左脚屈膝上提，同时右脚借左腿上提之力，迅速蹬地腾空。（图 2－32、图 1－33）

3. 左右脚依次落地，一般先落的脚在后面。（图 2－34）

图 2－32

图 2－33

图 2－34

【作　用】

换跳步一般多用于腾空膝撞、腾空侧弹、换跳步屈踢等。

十一、纵跳步

双脚同时蹬地腾空。

【动　作】

1. 左开门势站立。（图 2－35）

图 2－35

2. 重心下降并移至两腿之间，呈半蹲状，上体微向右侧转。（图 2－36）

3. 迅速提手带臂，双腿同时蹬地腾空屈膝上提。（图 2－37）

【作 用】

纵跳步用于腾空腿击和腾空转体腿击。

图 2－36

图 2－37

十二、跪 步

单腿以膝跪地，以前脚掌着地，脚跟提起，以双手撑地。

【动作一】

1. 右开门势站立。（图 2－38）

图 2－38

2. 上体向左转身下俯。（图 2 －39）

3. 左腿屈膝跪地，同时，双手撑地，右腿屈膝收至腹前。（图 2 －40）

图 2 －39

图 2 －40

4. 或右腿屈膝右收后侧抬。（图 2 －41）

5. 右腿向上方踹出。（图 2 －42）

图 2 －41

图 2 －42

【作　用】

跪步用以低势避开敌方对中盘、上盘的攻击，顺势以侧踹腿或侧弹腿攻击其肋腹。

【动作二】

1. 左开门势站立。（图 2－43）

2. 重心移至左脚，左脚内扣屈膝全蹲，脚跟提起，上体下俯，双手撑地于两脚之间。（图 2－44）

图 2－43

图 2－44

【作　用】

此为前腿跪步，它的作用主要是为了降低重心，避开上路攻击，延长腿击距离，配合转身后扫。

十三、扣　步

一腿扣膝，转髋，脚跟外展提起。

【动　作】

1. 左开门势站立。（图 2－45）

图 2－45

2. 左腿屈膝内扣，左髋内旋，左脚脚跟提起外展。（图 2－46）

3. 扣步多配合后转身。（图 2－47）

图 2－46

图 2－47

【作　用】

扣步配合后转身可以顺势踢出外摆腿、倒勾腿、后撩腿、侧踹腿等攻击敌方。

十四、跨跟步

前位脚向前跨半步，后位脚迅速蹬地向前位脚内侧跟步靠拢。

【动　作】

1. 左开门势站立。（图 2－48）

2. 左脚向前跨半步。（图 2－49）

3. 右脚迅速蹬地跟步落于左脚内侧，重心移至左脚。（图 2－50）

【作　用】

跨跟步是快速逼近、隐性缩短距离的步法，有利于前位腿发起快速攻击。

图 2－48

图 2－49

图 2－50

十五、跃　步

一腿向另一腿屈膝提摆，使另腿借力蹬地带动身体腾空前跃。

【动　作】

1. 左开门势站立。（图 2－51）
2. 右脚蹬地，屈膝向左上方提摆。（图 2－52）
3. 左腿借右腿上提前摆之力迅速蹬地，使身体腾空前跃。（图 2－53）

图 2－51

图 2－52

图 2－53

【作　用】

跃步是用于快速腾空逼近对方时进行腿击的步法，它可以利用腾空前冲之力，加大前位腿的攻击力量。

第二节　身　法

身法是在步法的基础上完成的，步法以腿部的变化为主，身法以腰以上部位的变化为主，在技击实战中起着重要作用。

一、侧　身

上体由半正面相对敌方，转换成侧向相对。

【动　作】

1. 左开门势站立。（图 2－54）
2. 左脚前脚掌蹬地，上体迅速右转，以左肩对敌方。（图 2－55）

图 2－54

图 2－55

【作 用】

侧身是防守、躲闪、借力时常用的身法。

二、前俯身

上体弓背、弯腰向前俯身。

【动 作】

1. 左开门势站立。(图 2 –56)

2. 上体前倾下俯成弓背弯腰状，重心前移至左腿，右脚脚跟提起。(图 2 –57)

图 2 –56

图 2 –57

【作 用】

前俯身是为了躲让对手向头部的进攻，并可利用身体的前俯，缩小被攻击面，且易于接近对手，常与跨步、上步、侧身、蹲身等协同运用。

三、后仰身

上体后倒、折腰，挺胸、展腹、送髋。

【动 作】

1. 左开门势站立。(图 2－58)

2. 上体后倒，向后折腰，同时，右脚蹬地，向前送髋，并挺胸挺腹，双手自然防护。(图 2－59)

图 2－58

图 2－59

【作 用】

后仰身是为了避让敌人对头部的攻击，并能马上利用折腰后的回弹之力给予对方突然还击，同时，也是延长点腿、弹腿的攻击距离和便于发力的必要身法。

四、侧倒身

上体倒向身体一侧，成单腿直立。

【动 作】

1. 左开门势站立。(图 2－60)

2. 左脚蹬地，上体迅速倒向身体右侧，重心移至右腿，左腿随即屈膝提起，勾脚尖并内扣护裆，保持平衡。(图 2－61)

【作 用】

侧倒身可以躲避敌方对头、胸及腿部的攻击，并形成一种反攻的预势，而且还是使用侧踹腿、倒勾腿、下截腿时的必要身法。

图 2 －60

图 2 －61

五、后转身

沿身体纵轴，背向对方转体 180 度（经过背对对方的过程）。

【动　作】

1. 左开门势站立。（图 2 －62）

2. 左脚蹬地，重心移至右腿，同时，以左脚掌为轴扣步。（图 2 －63）

图 2 －62

图 2 －63

3. 上体向右后急转，并迅速扭头看向对方，两臂屈肘向身体右后摆动，以助转体之力。（图2－64）

图2－64

【作　用】

后转身是为了加强后位腿外摆、倒勾、侧踹、竖劈等腿法的速度和力量，并可以利用前位脚的扣步、脚跟外展，经过转体缩短与对手的距离。

六、下蹲身

上体基本不动，双腿屈膝下蹲，降低重心。

【动　作】

1. 左开门势站立。（图2－65）

2. 双腿屈膝下蹲，大腿接近水平，重心下降至两腿之间。（图2－66）

图2－65

图2－66

【作　用】

下蹲身是为了躲让对方在较近距离向我头部的平行横击，常与侧身、前俯身等动作配合运用，也是抱腿摔的必要身法。

七、闪　身

为应对正面攻击向两侧避让。

【动　作】

1. 左开门势站立。（图 2－67）

2. 右脚蹬地，左脚提起向左前方跨步，重心移至左腿，同时，向右侧身并略后仰身，左髋前挺，双手处于防卫姿势。（图 2－68）

图 2－67

图 2－68

3. 此为左蹲步闪身。

【作　用】

闪身一般都是与跨步配合使用的。它是在对方向头、胸、腹等部位做直线攻击时所采用的避让身法。闪身可以迅速改变方位，接近对方，便于攻击和防守。

八、腾空后转身

纵跳空中，后转身 180 度（经过背对对方的过程）。

【动　作】

1. 左开门势站立。（图 2－69）

图 2－69

2. 重心移至两腿之间，接着迅速向上提臂，双脚同时蹬地腾空。（图 2－70）

3. 在提臂起跳离地瞬间，上体迅速右后转，扭头看向对手，两臂屈肘随转体摆动，以助旋转之力。（图 2－71、图 2－72）

图 2－70

图 2－71

图 2－72

【作　用】

腾空后转身，是在对方将要进攻的瞬间，迅速腾空转体带动后位腿，施以腿击的身法。腾空可以躲过对方下盘腿部的攻击。转体是为了加强外摆、倒勾、侧踹等腿法的速度和力量，并具有一定的隐蔽性。

九、翻　身

当处于叉步时，身体向上、向后立圆翻转 180 度。

【动　作】

（一）叉步翻身

1. 右叉步为开势。（图 2－73）

图 2－73

2. 右臂屈肘向身体后上方提臂立圆画弧，上体随之迅速翻转。（图 2 –74）

3. 扭头看向对手（右前方），同时，左脚蹬地，以左脚掌为轴随翻身扣转。（图 2 –75）

图 2 –74

图 2 –75

（二）开步翻身

1. 左开门势站立。（图 2 –76）

2. 右臂屈肘向后上方提臂立圆画弧，身体随之迅速翻转。（图 2 –77）

3. 上体后仰身，重心移至左腿，右手可以抡劈拳，或以右肘后捣。（图 2 –78）

图 2 –76

图 2 –77

图 2 –78

【作　用】

翻身多用于近战的拳法或肘法中，在腿法中也有借助这种身法的，如撤步翻身后撩腿等。

十、侧身倒地

向前伸腿，侧身倒地，双臂屈肘，用两掌或倒地一侧的前臂撑地。

【动　作】

（一）右侧倒

1. 左开门势站立。（图 2－79）

2. 右脚离地，经左脚内侧前伸，重心移至左脚，上体向右侧倒。（图 2－80）

图 2－79

图 2－80

3. 脚跟提起，身体向右侧倒，双臂微屈肘，两掌撑地于右胸前（或者迅速过渡到右前臂支撑），倒地后要以右腿外侧及臀部着地。（图 2－81）

图 2－81

（二）左侧倒

1. 左开门势站立。（图 2－82）

2. 重心突然下降，左腿前伸，同时，上体向左后转身成侧倒身，右腿迅速屈膝，脚跟提起，身体向左侧倒地，双臂微屈肘，两掌撑地于左胸前，并随上身的下落迅速过渡到左前臂支撑。（图 2－83）

图 2－82

图 2－83

【作　用】

侧身倒地是使用地蹚腿法时所必须掌握的一种身法。它可以避开敌人对我上、中路的进攻或阻截，并且利用滚身、撑地，起腿攻击对方。

十一、拧身平转

上体前俯约与地面平行，向身后拧腰转动。

【动　作】

1. 左开门势站立。（图 2－84）

2. 右脚蹬地前进步，重心移至右脚，形成交叉步。（图 2－85）

图 2－84

图 2－85

3. 上体前俯，向左后拧腰转动，同时，两臂随上体向左摆动，重心移至左脚。（图 2－86）

4. 左脚以前脚掌为轴，随身体拧转，在拧腰向左后转的同时，右腿弧形后上摆。（图 2－87）

图 2－86

图 2－87

【作 用】

拧身平转是以上体突然俯身向后平转，带动下肢运用腿击的一种旋转性身法。用这种身法带动腿法，动作突然而隐蔽，往往可以败中取胜。

十二、探 身

后位脚蹬地，重心前移，上体前探，似进攻状。

【动 作】

1. 左开门势站立。（图 2－88）

2. 右脚蹬地，重心移至左脚，左腿屈膝前弓，上体前探，同时，双臂向后微带，似准备攻击状。（图 2－89）

图 2－88

图 2－89

【作 用】

探身是一种逗引、试探、虚晃、调动对方的常用身法，可以创造战机。

十三、摇 身

在迅速逼近对方过程中，上身左右摆动。

【动 作】

1. 左开门势站立。(图 2－90)

2. 右脚蹬地，左脚向左前方微移步，脚尖微外展，重心移向左腿，上体偏向左侧。(图 2－91)

3. 动作不停，右腿迅速蹬地向右前方跨出一大步，重心移至右腿，上体偏向右侧，左臂屈肘于小腹前防护，右手放于面侧。(图 2－92)

图 2－90

图 2－91

图 2－92

【作 用】

摇身是为了迅速逼近对方，预防对方用直拳攻击我头部而变换头部位置的一种身法，同时也是为了迅速接近对方施以各种腿法的必要身法。

十四、腾空飞身

上步单腿起跳，腾空前冲。

【动 作】

1. 左开门势站立。(图 2－93)

图 2－93

2. 右腿蹬地，屈膝前提，重心移至左腿。（图 2－94）

3. 左腿借力蹬地腾空屈膝上提，同时，向左转体，双臂屈肘上提至头前，腾空时含胸弓背，四肢收抱，或顺势打出右直拳。（图 2－95）

图 2－94

图 2－95

【作　用】

腾空飞身是在进攻远距之敌时所采取的一种腾空的进攻身法，多顺势使用侧踹、膝撞等腿法。

十五、前转身

身体向前正面转体（视线不离开对方）。

【动　作】

1. 左开门势站立。（图 2－96）

2. 左脚以脚跟为轴，脚尖外摆，右脚蹬地，重心移至左脚（或两脚之间），上体迅速向左后方拧转，上体成右肩向前，下肢成叉步状。（图 2－97）

【作　用】

前转身可以加强后位腿侧弹、侧踹、顶膝等腿法的速度和力量。

图 2－96

图 2－97

十六、腾空前转身

纵跳步于空中前转身。

【动　作】

1. 右开门势站立。（图 2－98）

2. 重心移至两腿之间，双脚同时蹬地，双手随之向上提。（图 2－99）

3. 在蹬腿提臂离地瞬间，上体迅速向右后急转，同时，双腿屈膝上提，两臂屈肘随转体摆动，以助旋转之力。（图 2－100）

图 2－98

图 2－99

图 2－100

第三节　常用腿法

一、弹　腿

【动　作】

1. 左开门势站立。（图 2－101）

2. 右腿屈膝提起，脚面绷直，大腿面尽量贴近身体，重心移至左腿，同时，左腿伸直，脚尖外展，身体左转约 45 度。左臂收向身体，右臂后摆，蓄积力量。（图 2－102）

3. 右脚绷直向左侧弹踢，力达脚尖。左肘与右膝相照，右臂尽力后摆。目视左斜前方。（图 2－103）

图 2－101

图 2－102

图 2－103

【要　点】

右脚绷直经左膝前向左侧弹踢，力达脚尖。左右腿交替练习。

二、截　腿

【动　作】

1. 左开门势站立。（图 2 – 104）

2. 右脚屈膝上提，膝盖外展，大腿平行于地面，大小腿之间约成 60 度夹角，脚后跟贴近左膝，脚尖下扣。双手屈肘置于右胸前，五指微张，指关节微屈。身体右前屈，目视前方。（图 2 – 105）

3. 动作不停，两臂用力向右后摆。身体微微后仰。右脚勾起向左前方截出。目视左斜前方。（图 2 – 106）

图 2 – 104

图 2 – 105

图 2 – 106

【要　点】

身体后仰，用力拧腰，右脚尖勾起向左前方截腿，力达脚跟。左右腿交替练习。

三、铲　腿

【动　作】

1. 左开门势站立。（图 2 – 107）

2. 左腿屈膝上提，左小臂内侧贴紧左大腿外侧，大小腿之间约成 60 度夹角，脚掌正对地面。微降低重心。右拳护住下颌，左手五指微张，指关节微屈。目视左前下方。（图 2 – 108）

3. 动作不停，左脚向左前方铲出，以脚掌外沿为力点。（图 2 – 109）

图 2 – 107

图 2 – 108

图 2 – 109

【要　点】

以脚掌外沿为力点铲出。左右腿交替练习。

四、蹬　腿

【动　作】

1. 左开门势站立。（图 2 – 110）

2. 身体重心移至左腿，左腿膝关节微屈；右腿屈膝正面提起，脚尖勾起，脚掌向正前方，大腿贴近胸部。（图 2 – 111）

3. 动作不停，两手分置于身体两侧或摆向右侧，两臂护住肋部，送髋，右脚由屈到伸迅速向前方蹬出，力达脚跟。（图 2－112）

图 2－110

图 2－111

图 2－112

【要　点】

右脚迅速向前上方蹬出，力达脚跟。左右脚交替练习。

五、劈　腿

【动　作】

1. 左开门势站立。（图 2－113）

2. 左脚向前垫步，同时，提起右脚，右髋上送。（图 2－114）

3. 左脚跟抬起，右腿快速举过头顶，然后迅速向前下方劈落，力达脚跟或脚前掌。（图 2－115）

【要　点】

垫步与劈腿应配合连贯。

图 2－113

图 2－114

图 2－115

六、挂　腿

【动　作】

1. 左开门势站立。（图 2－116）

2. 左腿向前稍稍滑步直立或稍屈，脚尖外展，身体左旋转 180 度，收腹合髋，同时，右腿屈膝上提，大腿与地面平行，小腿指向右侧。两拳竖臂护于胸前。（图 2－117）

图 2－116

图 2－117

3. 右脚勾紧脚尖，向前、再向左弧线勾踢，下落于左侧方。脚腕屈紧内扣，力达脚弓内侧。（图 2 – 118 ~ 图 2 – 120）

图 2 – 118

图 2 – 119

图 2 – 120

【要　点】

滑步转身要快，挂的动作幅度不宜过大，要借势发力。同时，注意发力时力点要准确，身体要稳。

七、撩　腿

【动　作】

1. 左开门势站立。（图 2 – 121）

图 2 – 121

2. 右脚向左擦地迈出，前脚掌着地，同时，向左转身 90 度，重心降低。右臂下摆，左掌护住下颌。重心在两脚之间。目视右前方。（图 2－122）

3. 提右脚，脚腕绷直，脚尖伸开，由后向上撩，力达脚掌，重心前移，左腿伸直，同时，两臂向下用力。（图 2－123）

图 2－122

图 2－123

【要 点】

右脚脚腕绷直，脚尖伸开，由后向上撩，力达脚掌。

八、后撩腿（鸳鸯脚）

【动 作】

1. 左开门势站立。（图 2－124）

2. 右脚向前上步，同时，向右侧身 90 度，左脚前脚掌着地，屈左膝，右脚外展，左臂向下用力，右拳护住下颌，重心落在右脚。目视左方。（图 2－125）

图 2－124

3. 提左脚，脚腕绷直，脚尖伸开，由后向上撩，右腿伸直，同时两臂向下用力。（图 2－126）

图 2－125

图 2－126

【要　点】

提左脚，脚腕绷直，脚尖伸开，由后向上撩。

九、前扫腿

【动　作】

1. 左开门势站立，屈膝下蹲，重心尽量降低。两掌十指张开，两臂护住下颌与腹部。（图 2－127）

图 2－127

2. 重心前移至左脚，提左脚跟；以左脚为轴，右脚绷脚、伸直，由后向左扫至正前方。右臂向右下方伸开，目随右腿而动。（图 2－128）

3. 动作不停，右腿直扫至左侧前方。（图 2－129）

图 2－128

图 2－129

【要　点】

扫击动作要迅速连贯，一气呵成。

十、后扫腿

【动　作】

1. 右开门势站立；再左脚向后滑步，屈膝下蹲，重心尽量降低。两掌十指张开，两臂护住下颌与腹部。（图 2－130）

2. 身体前倾，提右脚跟。（图 2－131）

图 2－130

图 2－131

3. 以右脚为轴，左脚绷脚、伸直，由后扫向身体左侧。两臂向前伸开，目视左腿而动。（图 2－132）

图 2－132

4. 动作不停，左腿平扫 180 度。（图 2－133）

图 2－133

【要　点】

右脚用力蹬地，重心后移，迅速抬左脚扫击。

十一、前鞭腿

【动　作】

1. 左开门势站立。（图 2－134）

2. 身体重心移至右腿，上体微向右侧转，同时，左腿屈膝提起，膝关节夹紧。

（图 2－135）

3. 以右脚前脚掌为轴，脚跟外旋，右转体，左脚横向由外向上、向前弧线形摆踢，力达脚背。目视击出脚。（图 2－136）

4. 踢出的脚与支撑腿之膝同高，为低鞭腿。（图 2－137）

5. 踢出脚高于头顶，则为高鞭腿。（图 2－138）

图 2－134

图 2－135

图 2－136

图 2－137

图 2－138

【要　点】

鞭腿横踢时，迅速伸膝发力，并借助转腰的力量加大击打力度；上体不要倾斜过大；踢的瞬间同侧手置于大腿外侧，异侧手置于下颌处防守。

十二、后鞭腿

【动　作】

1. 左开门势站立。（图 2－139）

2. 右脚蹬地，向左转体 180 度，身体重心移至左脚，右腿膝关节夹紧，向前提起。（图 2－140）

3. 左脚以前脚掌为轴，脚跟外旋。上体右转的同时，右腿小腿外翻，接近水平。随即用力拧腰转髋，猛力挺膝绷脚面，右脚横向由外向内、向上、向前弧形摆踢，力达踝关节及脚背部位。（图 2－141）

4. 横向由内向下弧形摆踢为后低鞭腿。（图 2－142）

图 2－139

【要　点】

应借助转腰、蹬地来加大腿鞭出的速度和力量。髋关节向前送，腿的击打类似鞭抽。

图 2－140

图 2－141

图 2－142

十三、原地侧踹腿

【动　作】

1. 左开门势站立。（图 2－143）

2. 重心后移，右腿挺直立地；左腿屈膝提起，与腰同高，大腿贴近胸部，小腿外摆，与上体约成 90 度夹角，脚尖微勾，脚掌对着前方。（图 2－144）

3. 身体侧后仰，同时，左大腿催劲发力，脚掌向前踹出；右手置于右大腿后侧，左手后摆。目视左脚。（图 2－145）

图 2－143

图 2－144

图 2－145

【要　点】

提膝与踹腿动作要协调一致。

十四、上步侧踹腿

【动　作】

1. 左开门势站立。（图 2－146）

2. 右脚经左脚后侧向左侧方插一步。（图 2－147）

3. 身体侧后仰，同时提起左腿，迅速伸直，带动脚掌向前踹出；右手置于右腿后侧，左手后摆。目视左脚。（图 2－148）

图 2－146

图 2－147

图 2－148

【要 点】

发力的同时拧腰展髋，避免出现低头及弯腰现象。

十五、转身后踹腿

【动 作】

1. 左开门势站立。（图 2－149）

图 2－149

2. 右脚蹬地，左脚以前脚掌为轴，脚尖向左内旋约180度，身体重心移至左脚。随即，身体左转，右脚蹬地提起，脚尖内勾；两臂护住胸前，目视右侧前方。(图2－150)

3. 动作不停，以脚跟领先，右脚用力向右侧后踹出，力达脚跟，上体稍前倾；目视右脚。(图2－151)

图2－150

图2－151

【要 点】

保持身体平衡，向后转身时以头领先，踹腿时挺腰展髋，避免出现低头及弯腰现象。

十六、前摆腿

【动 作】

1. 左开门势站立。(图2－152)

图2－152

2. 以腰为轴，双脚突然右转；左腿随即屈膝上提，并迅速蹬直。（图 2－153）

3. 左腿向左、向后弧形摆踢，力达脚掌。（图 2－154）

图 2－153

图 2－154

【要　点】

转身应突然，以左脚为支撑点，脚跟稍微提起，使旋转速度更快；充分利用腰力带动左腿，使其更具攻击力；攻击时，注意脚面压直，力达脚掌。

十七、正膝（短腿）

【动　作】

1. 左开门势站立。（图 2－155）

2. 右腿蹬地，重心前移至左腿，同时，右腿屈膝提起，小腿夹紧，脚掌贴近左膝，膝高与肋平。右拳置于右下颌侧防守，左手护住腹部。（图 2－156）

3. 提左脚跟，右膝快速上提顶击。两臂用力向右后摆。（图 2－157）

【要　点】

右腿以膝部上锋为力点快速收腹上提。

图 2－155

图 2－156

图 2－157

第四节　腾空腿法

一、腾空弹腿

【动　作】

1. 左开门势站立。（图 2－158）

图 2－158

2. 右脚向前迈出一步，身体重心前移。右脚踏地后向上、向前腾空跳起；左脚屈膝也随即向上提起，上体略前倾。（图 2－159）

3. 在空中，左腿屈膝夹腿；右脚脚面绷平，脚尖向前挺膝直腿弹击而出，高与腹齐。（图 2－160）

图 2－159

图 2－160

【要　点】

起跳时，以前脚掌为力点向上跳起。在空中，夹胯裹裆，左膝尽量贴靠左胸部；右腿弹踢快速有力，力达脚尖，一踢即收。

二、腾空侧弹腿

【动　作】

1. 左开门势站立。（图 2－161）

图 2－161

2. 右脚蹬地向前上步跃起；左腿屈膝随之向上提控。（图 2－162）

3. 在空中，略向左转，以右肩部侧对前方，然后起右脚，脚面绷平，侧向右前弹踢，高与腰腹齐。（图 2－163）

图 2－162

图 2－163

【要　点】

与“腾空正弹腿”相同。

三、腾空正蹬腿

【动　作】

动作和要领与“腾空正弹腿”相同，唯右脚勾紧脚尖，力达脚跟向前方蹬击。（图 2－164）

图 2－164

四、腾空侧蹬腿

图 2－165

【动　作】

动作和要领与“腾空侧弹腿”相同，唯右脚脚尖上勾，以脚跟侧对前方蹬击。（图 2－165）

五、腾空左后蹬腿

【动　作】

1. 左开门势站立。（图 2－166）

2. 右脚向前、向上、向左画弧摆腿，左脚蹬地向上跃起，身体向上提，并向左转体。（图 2－167）

图 2－166

图 2－167

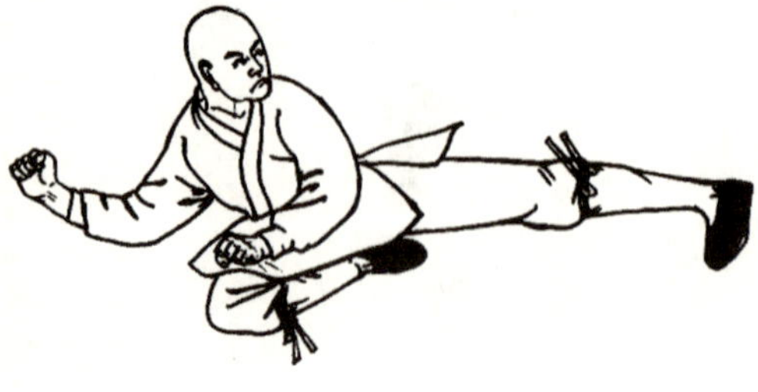

图 2－168

3. 在空中，左腿先屈腿贴靠于左胸前，待身体腾跃以背对敌时，再挺膝直腿，脚尖向下勾紧，以脚跟向后、向左后方蹬击。同时，右腿上跃屈膝，上体略向下倾，腿高与腰平齐。（图 2－168）

【要　点】

起跃要高，转体灵活、快速、旋劲，边转边踢。挺胸收腹，送髋挺膝，直腿勾足，力达脚跟。

六、腾空右后蹬腿

【动　作】

动作和要领与“腾空左后蹬腿”相同，唯方向相反。（图2－169）

图2－169

七、腾空左踹腿

【动　作】

1. 左开门势站立。（图2－170）

2. 右脚向前迈进一步，并踏地向上跃起，身体腾空略向右转，双腿均屈膝收于腹两侧，脚面绷直。（图2－171）

图2－170

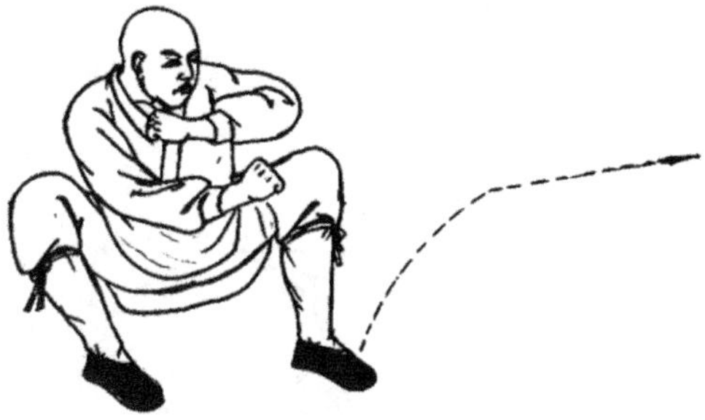

图2－171

3. 在空中，身体略向前下侧倾，右腿屈曲收于臀下，左脚向左侧前方踹击，高与腰平齐，脚尖向内勾紧，脚底面横对左侧前方。（图 2－172）

图 2－172

【要　点】

起跳要高而远，缩身蜷体，收腹敛臀。侧踹时，猛然爆发，踹击与挺身下倾互为对劲，相互协调一致。踹腿蹬击后，尽量向远处伸及，下落前仍保持侧踹之势。

八、腾空右踹腿

【动　作】

动作和要领与“腾空左踹腿”相同，唯方向相反。（图 2－173）

图 2－173

九、腾空右外摆腿

【动 作】

1. 左开门势站立。（图 2 – 174）

2. 双脚同时向上、向右腾空跃起，上体亦随而向右旋转。（图 2 – 175）

3. 在空中时，上体继续右转至 360 度，左腿屈膝夹紧，左脚收置于臀下；右脚脚尖向左横勾，以脚底面对外，右腿挺膝直腿，向右、向前、再向右摆击；上体略向前倾。（图 2 – 176）

图 2 – 174

图 2 – 175

【要 点】

缩身，收腹，拧腰，旋劲，边向上跳跃，边向右旋转，边转边摆腿，力达脚底面。

图 2 – 176

十、腾空左外摆腿

【动 作】

动作要领与“腾空右外摆腿”相同，唯方向相反。（图 2 – 177）

图 2 – 177

十一、腾空翻身外摆腿

【动 作】

1. 左开门势站立。（图 2 – 178）

2. 右脚向前迈出一步，扣足，以脚前掌着地，同时，身体向左转体并下沉，双腿微屈。（图 179）

图 2 – 178

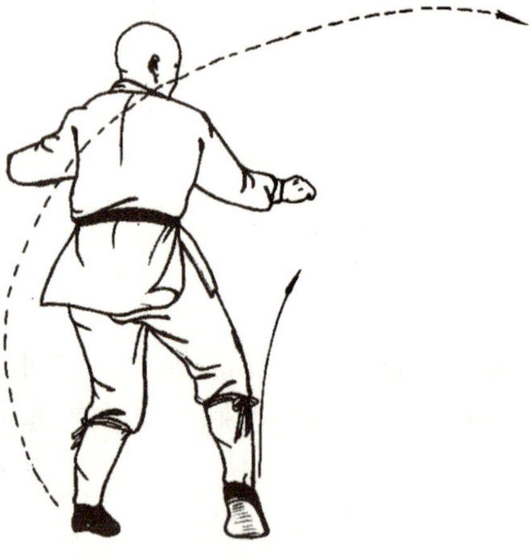

图 2 – 179

3. 右脚蹬地向上腾空跃起，身体继续向左旋转至360度。在空中，左脚脚尖上勾，左腿挺膝伸直向上、向前、向左画弧摆击；右腿屈膝收于右腹侧，双脚高与腰齐。(图2－180)

4. 上体又向左略转，身体下落时屈右腿，右脚收于臀下；左脚脚尖向右横勾，再继续向左摆击。(图2－181)

图2－180

图2－181

【要　点】

此势转体难度较大，需起跳后在空中完成转体360度，边转边摆腿，双腿同时外展。起摆时，力达脚外沿及脚跟；后摆击时，力达脚跟及脚底。

十二、腾空里合腿

【动　作】

1. 左开门势站立。(图2－182)

2. 右脚进步，身体左转180度，重心下沉，双腿微屈，成高马步。(图2－183)

图2－182

图2－183

3. 右脚蹬地向上跳起，双脚屈膝向上腾跃；身体继续向左转体至360度，并略向前下倾。同时，屈左腿，左脚收于臀下，右脚脚面绷平，向上、向左画弧摆腿；在下落时，向左、向下内摆腿。（图2－184～图2－186）

图2－184

图2－185

4. 左转体，两脚落地站稳，成左开门势站立。（图 2－187）

图 2－186

图 2－187

【要　点】

在空中完成 360 度的旋转动作，需快速、旋劲、有力。摆腿里合时，力达脚面及脚尖。

第三章 少林古传二十四腿

二十四腿是少林古传秘技，招法精湛，古朴实用。此腿共分四类，每一类都有各自独特的实战特点。

第一类是明手暗腿，先以明手佯攻，诱敌上钩，然后暗使腿击，奇袭敌方；第二类是连环巧腿，一腿先踢，再发连击，令敌难防；第三类是破拳腿踢，遇敌来打，先破其拳，顺势反击，以腿伤之；第四类是以腿破腿，敌方来踢，以腿破腿，不待其变，立即腿击。

一、顺手进脚

【用 法】

1. 敌我对峙。(图 3－1)

图 3－1

2. 我方右垫步进身，接近敌方的同时，右反背掌挥击敌方面部。敌方左脚撤步，左偏身避过我方右掌，同时，用左掌格我右腕外侧。（图 3－2）

图 3－2

3. 我方连击不停，右脚弹踢敌方裆部。（图 3－3）

图 3－3

【要　点】

此腿法为打上踢下之技。右掌挥击与右脚弹踢，要求顺势连劲，一气呵成。左腿支撑要稳，右脚弹踢要猛。

二、铲击叫门

【用　法】

1. 敌我对峙。

2. 我方左脚进步，左手向前虚晃佯攻，用右脚铲击敌方左小腿前胫。（图 3－4）

图 3－4

【要　点】

此招腿法为铲击叫门。要求左脚进步后，右脚铲击，铲击腿不宜过高，劲力要脆弹。

三、海底捞月

【用　法】

1. 敌我对峙。

2. 我方右脚上步接近敌方，同时，右掌并指穿击敌方咽喉。敌方用右手封架。（图3－5）

图3－5

3. 我方右手顺势旋腕扣指，叼掳其右手腕，右旋体配合，左掌横击敌右肋部。（图3－6）

图3－6

4. 动作不停，我方左脚向前勾踢敌右脚后跟部，同时，左掌向后反扳敌胸部，令其跌翻于地。（图 3－7）

图 3－7

【要　点】

此招为叼捞勾扫之法。右掌穿喉主动出击，遇敌封架则见势叼捞，随即横击其肋。勾踢与扳按要同时进行，右腿支撑要稳。

四、野马挣网

【用　法】

1. 敌我对峙。

2. 我方右垫步进身，同时，右拳击打敌方面部。敌方用右小臂向左格住我方右前臂内侧。（图 3－8）

图 3－8

3. 我方再迅速冲出左拳，击打敌方面部。敌反转右臂向右上格挡我左拳。（图3－9）

图3－9

图3－10

4. 敌方连续化解了我方两次进攻之际，前滑左步，左拳冲击我方面部。我方后仰上体避躲，顺势弹起左脚，踢击敌方裆部。（图3－10）

【要　点】

此招为上冲下踢。我进攻时，无论对方招架与否，必须连续拳打脚踢，发劲要狠，不要停顿，敌不伤不止。

五、狸猫上树

【用　法】

1. 敌我对峙。

2. 我方右垫步进身，左手兜拳由左向右横击敌方头部右侧。敌低头闪躲。（图 3－11）

3. 我方迅疾向左旋身，提右膝顶撞敌心口，同时，用右兜拳由右向左横击敌面部。（图 3－12）

图 3－11

图 3－12

【要　点】

此招为近距离攻击之法。要求贴靠对方提膝顶撞，身体向左倾斜，独立腿支撑要稳。

六、腾空双飞

【用　法】

1. 敌我对峙。

2. 我方跃步向前，双脚同时蹬地腾空而起。（图 3 – 13）

图 3 – 13

3. 双脚在空中急速踢出，对准敌方侧要或后背踹击而出。（图 3 – 14）

图 3 – 14

【要　点】

此招为双脚腾空踹击之法。要求反应灵敏，判断正确，腾空、踹击要及时，腾空要高，踹击要狠。

七、燕子入巢

【用　法】

1. 敌我对峙。

2. 敌方右脚上步，同时用右拳击打我方面部。我方略后缩身，上挑左前臂格挡敌右前臂内侧。（图 3－15）

3. 我方再出右脚弹踢敌方裆部。敌方左掌向下拍击我右脚背，阻截住我右弹腿的攻击。（图 3－16）

图 3－15

4. 动作不停，我方右脚向右小幅侧摆，随即左转体，乘势以右脚背向敌头部扫击。（图 3－17）

图 3－16

图 3－17

【要　点】

本招为中弹踢连高扫之法。要求格挡与中弹要及时，右脚侧摆不宜太大（便于向里横扫发力），独立腿支撑要稳，高扫腿要猛而有力。

八、鸳鸯双脚

【用　法】

1. 敌我对峙。

2. 敌方前移左步之际，右脚上步，左拳击打我方面部。我方迅疾撤退左步，上抬右前臂架住敌左前臂。（图3－18）

图3－18

图3－19

3. 随即，我方左脚前移步，右脚正蹬而出，踢击敌方腹部。（图3－19）

4. 我方右脚下踏落步，左腿迅疾连环扫踢敌方头部。（图3－20）

【要 点】

此招为左右脚连环蹬扫之法。要求上架、转体、蹬扫协调一致，独立腿支撑要稳，蹬击要快且准，扫击要猛且狠。

图3－20

九、勾扫转蹬

【用 法】

1. 敌我对峙。

2. 敌方右脚上进步，左拳击打我方面部。我方速以右前臂向上格挡住敌左前臂内侧。（图3－21）

3. 随即，我方右脚后撤步，左脚勾脚尖向前扫踢敌方右脚跟，同时，左掌推向敌胸。敌方提右膝避过我方的扫踢。（图2－22）

图3－21

图3－22

4. 我方迅疾左脚前掌落地，右腿随即用脚跟向前蹬击敌方胸部或腹部。（图 3－23）

图 3－23

【要　点】

此招为勾扫而变蹬击之法。要求勾扫与推按同行，并要协调一致。独立支撑腿要稳，蹬击腿要突然迅疾，使敌防不胜防。

十、将军骗马

【用　法】

1. 敌我对峙。

2. 我方右垫步，左腿横扫敌头部。敌方沉身低头避过我方腿击。（图 3－24）

图 3－24

3. 我方迅疾左腿适度屈膝，随即左脚乘势向右、向上画一圆弧发力，踹击敌方面部。（图3－25）

【要　点】

此招为高扫接踹击之法。要求乘势高扫，速度要快，变化要及时，独立支撑腿要稳，发腿劲力猛而狠。

图3－25

十一、鹞子翻身

【用　法】

1. 敌我对峙。

2. 我方右垫步进身，左脚向右勾踢敌左脚跟。敌方见势，向后撤退左腿，提起右膝避过。（图3－26）

3. 随即，我方左脚踏实，向右转体360度，右腿由里向外摆，用右脚后跟部扫击敌方头部右侧。（图3－27）

图3－26

图3－27

【要 点】

此招系低扫踢接转身摆击之法。要求乘身体向右旋转之势摆击。摆击速度要快，独立支撑腿要稳，摆击力要大。

十二、小鬼蹬树

【用 法】

1. 敌我对峙。

2. 我方左脚进步，同时，右脚蹬击敌方腹部。敌方后撤左脚，右掌向下拍击我方右脚踝部，阻截住我方的攻击。(图 3-28)

图 3-28

图 3-29

3. 随即，我方体略左转，右脚向下、向右、向上画一圆弧，踹击敌方胸部。(图 3-29)

【要 点】

此招系连续蹬踹之法。第一次蹬击一旦被阻，要立即收腿变势，右脚画弧不宜太大。转体、画弧、踹击要协调一致，身体重心要稳。

十三、白猿偷桃

【用　法】

1. 敌我对峙。

2. 敌方右脚上步，同时，右拳击打我方胸部。我方迅疾向后撤退左脚一步，右前臂外旋格挡敌右前臂外侧。（图 3－30）

3. 我方速上左步，右手外旋扣抓敌右腕，左手按压其前臂近肘处。（图 3－31）

图 3－30

4. 动作不停，双手将敌右前臂向下猛劲一拽，右兜拳横击敌头部左侧。如敌方低头躲开我右拳，我则速提右膝顶撞其面部，同时，右肘向下砸击敌脑后。（图 3－32）

图 3－31

图 3－32

【要　点】

此招系上打下撞的双击法，敌很难防守。要求动作迅速，提膝顶撞与肘击须同时进行，支撑腿要稳。

十四、牵羊截腿

【用　法】

1. 敌我对峙。

2. 敌方右垫步进身，右拳击打我方胸部。我方迅速右旋体，避过敌拳锋芒，同时，双手向右掳抓敌右前臂。（图 3－33）

3. 我方双手继续向右后叼掳其右前臂，同时，以右脚掌为力点，截击敌方在前的小腿前胫。（图 3－34）

图 3－33

图 3－34

【要　点】

此招为叼掳截腿之法。要求叼掳与截腿同时进行，截腿不宜太高，要用寸劲。

十五、白蛇吐信

【用　法】

1. 敌我对峙。

2. 敌方左脚前移步，右脚上步，同时，右拳击打我方面部。我方左脚向后撤步，仰身避过敌拳锋芒。（图 3－35）

图 3－35

3. 我方紧乘后仰之势，右脚由下向上弹踢敌裆部。（图 3－36）

图 3－36

【要　点】

此招系后仰弹踢之法。要求上体后仰与起脚弹踢同时进行，弹踢之腿要放长击远，支撑腿要掌握好身体平衡。

十六、二起弹蹬

【用　法】

1. 敌我对峙。

2. 敌方右脚上步，同时，用左拳向我方面部打来。我方左脚后撤步，迅疾弹出右脚踢击敌左前臂。（图 3－37）

图 3－37

3. 随即，我方右腿屈膝回收，乘势身体腾空，左腿伸膝蹬击敌方胸部。（图 3－38）

图 3－38

【要　点】

此招系以腿截拳、腾空蹬击之法。要求右脚踢臂截击及时、准确，右腿屈膝回收、腾空、蹬击要协调一致，蹬击要狠。

十七、狮子摆头

【用　法】

1. 敌我对峙。

2. 敌方右脚上步，用右拳横击我方头部左侧。我方左脚后撤步，两腿屈膝下蹲，低头闪躲敌拳。（图 3－39）

图 3－39

3. 随即，我方左脚向左前方进步，向左拧腰，摆头闪躲敌拳的同时，以右脚面为力点，由右向左扫击敌方裆部。（图 3 - 40）

【要　点】

此招系进步横扫裆之法。要求下蹲缩身、进步及时，进步、拧腰、摆头、横扫要协调一致，支撑腿要稳，横扫脚要劲猛力脆。

图 3 - 40

十八、迎面阻击

【用　法】

1. 敌我对峙。

2. 敌方右脚上步，右拳击打我方面部。我方速以右前臂向右上格挡。（图 3 - 41）

图 3 - 41

3. 随即，我方左垫步，右脚以脚底为力点踹击敌方。（图 3－42）

【要　点】

此招为阻击拳击之法。要求格挡、转体、蹬击及时，蹬击之腿要放长击远。

图 3－42

十九、缠腿破低腿

【用　法】

1. 敌我对峙。

2. 敌方左脚前移步，右脚弹踢我方裆部或左膝。我方迅疾后撤左脚一步，避过敌脚锋芒。（图 3－43）

图 3－43

3. 我方随即左旋体，同时，以右小腿向左拦截敌方右小腿。（图 3－44）

图 3－44

图 3－45

4. 我方顺势右腿伸膝弹踢敌裆部。（图 3－45）

【要　点】

此招为缠截反踢之法。要求缠腿用化劲拦截，拦截要及时，弹踢要脆快。

二十、低扫破高扫

【用　法】

1. 敌我对峙。

2. 敌方右垫步，左腿提起横扫我方头部右侧。我方后撤左脚一步，上抬两前臂向右格挡敌腿。（图 3－46）

图 3－46

3. 随即，我方两腿屈膝下蹲，左小腿向前、向右横扫敌右小腿，将敌扫跌于地。（图 3－47）

【要　点】

此招为低扫破高扫之法。要求两前臂格挡用化劲，格挡缩身要及时，横扫要快。

图 3－47

二十一、撞膝破横扫

【用　法】

1. 敌我对峙。

2. 敌方左脚前移步，提起右腿横扫向我方头部左侧。我方速用左前臂向左格挡敌右前胫部。（图 3 – 48）

图 3 – 48

3. 随即，我方左脚前移半步，贴近敌身，同时，提起右膝顶撞敌心口。（图 3 – 49）

【要　点】

此招为近距离攻击之法。要求前臂格挡用化劲，切忌硬格强挡，在格挡的同时，进身贴近敌方而提膝顶撞。

图 3 – 49

二十二、倒踢破踢裆

【用　法】

1. 敌我对峙。

2. 敌方左脚前移步，右脚弹踢我方裆部。我方速以右小腿向左拦截。（图 3－50）

图 3－50

3. 随即，我方向左转体 180 度，右脚向后蹬击敌小腹。（图 3－51）

图 3－51

【要　点】

此招为转身倒蹬之法。要求拦截及时，转身和倒蹬要连贯，速度要快。

二十三、顶腿破中蹬

【用　法】

1. 敌我对峙。

2. 敌方左脚前移步，右脚蹬击我方小腹部。我方迅速提左膝向上顶敌右腿，随即，双手抓住敌右脚踝部。（图 3－52）

3. 我方双手合力向右后拉带敌右腿，同时，以左脚踹击敌方左大腿内侧。（图 3－53）

图 3－52

图 3－53

【要　点】

此招为近距离攻击之法。转体、提膝、抓脚要及时、连贯，拉带与蹬击要同时进行。

二十四、横扫破横扫

【用 法】

1. 敌我对峙。

2. 敌方左脚前移步，右腿横扫我方头部左侧。我右脚后移步，两臂向左格挡敌小腿。（图 3－54）

图 3－54

图 3－55

3. 随即，我方向左旋身，右脚横扫敌头部左侧。（图 3－55）

【要 点】

此招为横扫对攻之法。要求反应灵敏，格挡要用化劲，格挡、转体、横扫要及时，转体、横扫要协调一致。

第四章 少林金刚夺命腿

少林金刚夺命腿，来自少林名门——金刚门，据传由铁腿王僧稠和尚所传。此腿法初始为单势，后经历代传承演变，形成为二十四招连环腿，招招力大劲猛，杀伤力强，非常实用。

一、蛟龙卷尾

【用 法】

1. 敌我对峙。（图 4－1）

图 4－1

2. 我方左脚上步，探身用右拳虚晃，引诱敌方退步仰身防守。（图 4－2）

图 4－2

3. 我方乘机迅速提起右脚向前勾踢敌方左脚后跟。敌方提膝躲避。（图 4－3）

图 4－3

4. 随即，我方右腿屈膝收提，再迅疾踹击敌方右膝关节内侧。（图4－4）

图4－4

【要　点】

勾踢一定要在距离较近的情况下使用。勾踢是一种突袭性的进攻，一定要做到快、准、狠。如果踢空，要迅速提膝控制好平衡，并与侧踹紧密衔接，达到连续攻击而伤敌之效果。

二、马踏金钟

【用　法】

1. 敌我对峙。

2. 我方左脚上步，探身用右拳虚晃，引诱敌方退步仰身防守。（图4－5）

图4－5

3. 我方乘机迅速提起右脚向前勾踢敌方左脚。敌方提膝躲避。（图 4－6）

4. 我方借勾踢之惯性尽量向左上举右腿，同时，左脚蹬地垫步使身体腾空前跃。在左脚下落之际，右腿伸膝挺直，上体全力向前下压，以右脚后跟为力点劈击敌方面部或胸部。（图 4－7）

图 4－6

图 4－7

【要　点】

勾踢腿一定要快速有力，并要提前意识到踢空后要连接举腿踮步，使勾踢和踮步竖劈腿更加协调、有力地连贯配合。

三、灵蛇弄风

【用　法】

1. 敌我对峙。

2. 我方突然右垫步，向前探身并降低重心，佯攻敌方下盘。（图 4－8）

图 4－8

3. 乘敌分神下顾之际，我方迅速左腿屈膝内扣，左髋内旋，左脚脚跟外展，重心移至两脚间。（图 4－9）

图 4－9

4. 动作不停，身体右转前俯，右脚向后撩起，踢击敌胸部。（图 4－10）

图 4－10

5. 敌方仰身避过我方后撩踢。我方迅速右脚在敌身前落步，右拧腰转体。（图4－11）

图4－11

6. 我方左腿屈膝抬起，向前横扫敌方头面部。（图4－12、图4－13）

图4－12

图4－13

【要　点】

此招要在敌方处于原地防守或向后移动不大的情况下使用。要求动作快速连贯，一气呵成，尤其是倒勾腿后的落步转身要快速协调，以便横扫腿能借力发挥出更大的威力。

四、黑虎剪尾

【用　法】

1. 敌我对峙。

2. 我方左脚向前进步，右腿迅速屈膝前提。(图 4－14)

图 4－14

3. 随即伸腿蹬击敌腹部，迫使敌方退步防守。(图 4－15)

图 4－15

4. 我方迅速前落右脚，并借力迅速向左后猛带臂转体，同时，左腿屈膝外展向左后上提摆。（图 4 – 16）

5. 右腿借势蹬地屈膝上提，使身体腾空前跃并向左后转体，在左脚下落的同时，右腿迅速伸膝横扫敌头部。（图 4 – 17）

图 4 – 16

图 4 – 17

【要　点】

前蹬腿接腾空转体要快速连贯，借力用力。空中横扫要充分利用腾空转体的惯性和弹腿的鞭打力，并要使腾空转体达到缩短与敌方距离的目的。

五、翻江倒海

【用　法】

1. 敌我对峙。

2. 我方左脚进步，虚晃左掌佯攻敌方面部，诱其退步防守。（图 4 – 18）

图 4 – 18

3. 我方右脚迅速贴地扫踢敌方左脚后跟部，同时，左腿屈膝降低重心。（图4－19）

4. 敌方提左脚避过我方右脚。我方上体向右前方侧倒，双手按地于右侧支撑，身体成半侧卧状。（图4－20）

图4－19

图4－20

5. 随即上体向右翻转，两臂直臂支撑，右脚蹬地伸膝，左腿借翻身屈膝上摆，接着，伸膝以脚尖和脚背部弹击敌方头面部。（图4－21）

【要　点】

前扫与扑身倒地要同时完成，并与翻身撑地弹腿紧密衔接，依次借力，一气呵成踢伤敌人。

图4－21

六、滚龙翻身

【用　法】

1. 敌我对峙。

2. 我方左脚前移步佯攻敌方上盘之际，上体乘机疾速右转下蹲，双手撑地，借力迅速向右后转体扭头，右腿借力向外、向后下方直腿弧形扫绊敌右小腿。（图 4 –22）

图 4 –22

3. 敌方收提右脚避过。我方双手推地，左腿伸膝，抬身，右腿外展，屈膝上抬横扫敌头面部。（图 4 –23）

图 4 –23

【要　点】

抓住敌方上防之机，迅速俯身撑地后扫腿。待敌提腿躲避无法变招之时，快速起身侧弹，两招腿法一定要做到快速连贯，借力发力。

七、白虎抖鞭

【用　法】

1. 敌我对峙。

2. 我方左脚前移，右脚上步，出左掌佯攻敌头面。诱敌方退步防守。（图 4－24）

图 4－24

3. 紧接着，我方左脚踹击敌方左膝关节。敌方提膝避过。（图 4－25）

图 4－25

4. 我方左脚迅速向前落步，上体右转，右腿顺势向后摆踢敌方头面部。（图4－26）

图 4－26

【要　点】

要使侧踹腿迅猛有力，一定要配合好跨步左手佯攻，既可转移对方注意力，又便于起腿侧踹，并与后转身快速衔接，不给敌方喘息或反击的机会。跨步出手，要提防敌方前腿阻击。

八、野驴撩蹶

【用　法】

1. 敌我对峙。

2. 我方左脚进步的同时，右脚插步，用左反背拳击打敌面部。敌缩身用右掌格我左拳。（图4－27）

图 4－27

3. 动作不停，我方迅速用左脚向后撩击敌方裆部。敌撤步按掌防我左腿。（图4－28）

图4－28

4. 我方左脚迅速下落地，右转身，右脚再度撩踢敌裆部。（图4－29）

【要　点】

插步要隐蔽，左、右后撩踢要迅猛有力、衔接紧凑。要把握好距离，远则直腿后撩，近则微屈膝后撩。

图4－29

九、毒蝎竖针

【用　法】

1. 敌我对峙。

2. 我方右垫步向前，探身用左掌佯攻敌方面部。敌方退步防护上盘。（图 4－30）

图 4－30

3. 我方迅疾右转体，用右脚撩踢敌方裆部。敌撤步按掌化解我方右撩踢。（图 4－31）

图 4－31

4. 接着，我方右脚落步，右转体，左脚踹击敌胸部。（图 4－32）

【要　点】

此腿法主动进攻。首先要佯攻以转移对方注意力，使转身后撩腿快速突然，并与转身侧踹紧密衔接，动作要果断、准确、有力，并充分发挥腰腹之力。

图 4－32

十、巨蟒挡道

【用　法】

1. 敌我对峙。

2. 我方右垫步进身，左掌虚晃扑敌面部。诱敌退步守护上盘。（图 4－33）

图 4－33

3. 随即，我方提起右脚踩击敌左前胫。迫敌退步躲避。（图 4－34）

图 4－34

4. 我方紧追不放，右脚向前落步，左脚提起踹击敌胸部。（图 4－35）

图 4－35

【要　点】

此招为主动进攻的连环腿法。首先要转移对方的注意力，乘机截腿要迅速有力，并与侧踹腿紧密衔接，一气呵成。

十一、烈马追风

【用　法】

1. 敌我对峙。

2. 我方右垫步进身，身体前催，左腿乘势迅速屈膝上提侧抬，腾空前跃。（图4－36）

3. 在右脚落地踏实的同时，我方左腿侧踹敌方腹部。敌缩身化去我方攻击。（图4－37）

图4－36

图4－37

4. 我方左脚迅速落地，右转身，右脚顺势用力向后撩击敌方裆部。（图4－38）

【要　点】

先转移敌方注意力，在出左手的同时，借力向前跃步。侧踹要快速果断，后撩腿要充分发挥腰腹之力，并与前动紧密衔接。

图4－38

十二、懒驴打滚

【用　法】

1. 敌我对峙。

2. 敌方以快速的步法逼近，并以右拳击打我方头部。我方迅疾后撤左脚一步，后仰身，提起右膝做阻击状。(图 4 –39)

3. 我方随即迅猛伸膝送髋前击敌方腹部。(图 4 –40)

图 4 –39

图 4 –40

4. 我方顺势迅速侧卧。(图 4 –41)

图 4 –41

5. 动作不停，双手直臂支撑，快速起身，同时，左脚蹬地使身体向右翻转，重心移至右脚。（图 4－42）

图 4－42

6. 借翻转起身之力，左脚弹击敌方头部。（图 4－43）

图 4－43

【要　点】

向后仰身是为了躲避敌方直拳击头，同时加大前点腿的距离。前点要迅猛果断。倒地后要急速撑起弹腿，乘势发力，绝不可贻误战机。

十三、抽鞭断流

【用　法】

1. 敌我对峙。

2. 敌方右脚前移，左脚跨进，用左拳击打我方胸部。我方迅速右侧转身，左脚内扣，左臂屈肘外格敌左腕内侧。（图 4－44）

图 4－44

图 4－45

3. 我方迅速向右后转头转身，使重心移至左脚，右脚随即急速蹬地，并随转体提髋、提膝而向外、向上摆举。（图 4－45）

4. 以左脚前脚掌为轴转动，右腿于头前尽量伸膝上举，随即含胸前倾，右腿以脚后跟猛劈敌方面部。(图 4－46)

图 4－46

5. 敌方后挪身避过。我方急速下落右脚，重心前移。(图 4－47)

6. 猛起左脚弹踢敌方裆部。(图 4－48)

图 4－47

图 4－48

【要 点】

判断要准确，要使扣步侧身防直拳成为转身举腿竖劈的预势。转身举腿竖劈一定要快速、稳健，下劈有力，并与落步弹腿紧密衔接。

十四、旋风霹雳

【用 法】

1. 敌我对峙。

2. 我方右脚上步，左手向前下一探，诱敌顾下之际，左脚前跨步，右脚蹬地而起，由后向外、向上、向前弧形摆动，以脚掌内侧横击敌方头部。敌方后闪身让过我方里合腿击。（图 4－49）

3. 我方右脚顺势下落于左脚前，并使脚尖内扣，重心随即移至右脚，上体向左后转扭，左腿随身体的转动向上、向外、向后弧形直腿外摆，以脚后跟摆击敌后脑。（图 4－50）

图 4－49

图 4－50

【要　点】

里合腿接外摆腿要掌握好距离，动作一定要迅猛、果断、有力，并使之衔接紧凑。外摆腿要充分利用里合腿的惯性，快速转体发力。

十五、黄龙转身

【用　法】

1. 敌我对峙。

2. 我方右脚向前盖步，左脚迅速前摆，脚踝绷直，由后向外、向前、向上弧形弹向敌方头部。（图 4 – 51）

3. 敌方退让拦截。我方顺势下落左脚，并使脚尖内扣，重心随之移至左脚，上体向右后急转。（图 4 – 52）

图 4 – 51

图 4 – 52

4. 我方右腿随转体外展上抬，并弧形斜上后摆，用脚掌或脚跟摆击敌头面部。(图 4－53)

图 4－53

【要　点】

此招为进攻性连环腿，要环环相扣，协调紧凑。注意上步时的防护，倒勾腿要充分发挥转体之力。

十六、金豹跃涧

【用　法】

1. 敌我对峙。

2. 敌方用连续性步法逼近我方之际，用左拳攻击我方面部。我方左脚收步于右脚内侧之际，迅速屈膝上提、外展，小腿侧上抬，迎着敌方攻击之势踹其面部。(图 4－54)

图 4－54

3. 敌方用手拦截我腿攻击。我方左脚迅速下落，右脚猛然蹬地而起，使身体腾空并急速向右转体，同时伸膝送髋侧踹敌胸部。(图 4－55)

图 4－55

【要　点】

此招为连环踹腿法。迎敌侧踹一定要快速果断，迫敌回防，使腾空后转身得以顺利完成，并要在腾空转体的过程中尽量缩短与敌距离，使右侧踹腿发挥出更大威力。

十七、力劈华山

【用　法】

1. 敌我对峙。

2. 我方左脚进步，右脚迅速弹踢敌方裆部。敌撤步躲避。(图 4－56)

图 4－56

3. 我方右脚顺势落步，并使重心前移。（图 4－57）

图 4－57

4. 左脚随之向右脚内侧跟步靠拢，重心移至左脚，右脚迅速向左、向上、向前弧形摆举，至头上方时尽量抬髋伸膝上举，上体含胸前倾。（图 4－58）

5. 动作不停，上体全力向前下压，右腿用脚后跟猛劈敌方面部或胸部。（图 4－59）

图 4－58

图 4－59

【要 点】

进步迅速突然，抓住时机迅猛出腿弹击敌方裆部。敌方退防时，急速前落右脚，跟左步，移重心，举腿竖劈。全部动作一定要快速、连贯、协调、稳健，绝不能给敌方以喘息之机。

十八、金豹回首

【用 法】

1. 敌我对峙。

2. 敌方垫步进身，起右脚向我方头部侧踹而来。我方立即下俯躲避。（图 4－60）

3. 不待敌变，我方迅速左转身，起左脚直腿向左、向后、向上摆腿横击敌方头面部。（图 4－61）

图 4－60

图 4－61

【要　点】

避敌踹腿要及时而恰到好处，边躲边转体，灵活、敏捷、快速，顺势从身后转摆，出其不意，攻其无备。

十九、气贯长虹

【用　法】

1. 敌我对峙。

2. 敌方身体左转，下沉身蹲步，右脚脚尖内扣，直腿向前、向左扫击我方双脚。我方迅疾左脚蹬地向上跳起，双脚屈腿腾跃，避开敌方的前扫腿。（图 4－62）

图 4－62

图 4－63

3. 在空中，我方身体上提前倾，右脚脚面绷平，挺膝直腿，向前弹踢敌方面部。（图 4－63）

【要　点】

腾空避腿要及时、迅速，边腾起边弹踢。挺胸、收腹、夹裆，挺膝、直腿，力达脚尖。

二十、乌龙摆尾

【用　法】

1. 敌我对峙。

2. 我方主动攻击，左脚踏地向上起跳，身体向上腾空跃起，向左拧转。随即，左腿屈膝略收，同时，起右脚（脚面绷平）向前、向左里合摆踢敌方头部。（图4－64）

图4－64

3. 敌方低头屈身以避我腿。动作不停，我方身体继续左转，右脚摆划后屈腿收控，上体下倾，左脚脚尖勾紧，以脚跟向后蹬击敌方面门或胸部。（图4－65、图4－66）

图4－65

图4－66

【要　点】

腾空里合，既可攻敌，又可旋带转体蓄势待发，再乘势后蹬发力。

此招在空中连踢两腿，颇具难度，要勤加练习方能应用自如。

二十一、三环套月

【用　法】

1. 敌我对峙。

2. 敌方移右步、上左步，同时，左拳击打我方胸部。我方屈腿向前、向上腾空跃起，避开敌拳。（图 4－67）

3. 随即，在空中右腿伸膝侧腿，踹击敌方头面部。（图 4－68）

图 4－67

图 4－68

4. 在空中，我方动作不停，右侧踹腿屈膝收控，左脚从右腿下向前撇腿侧踹敌方左肋。（图 4－69）

5. 动作不停，我方左腿屈膝收控，右脚迅速向前侧腿踹击敌方后背。在空中对敌连环三踹。（图 4－70）

图 4 –69

图 4 –70

【要　点】

腾空一定要高，否则难以在空中完成三次踹击。上跃时，屈身收腹，开胯挺膝。踹击时，活胯送髋，快速有力，出腿收腿连贯、迅速，力点准确。

二十二、蛰龙飞天

【用　法】

1. 敌我对峙。

2. 敌方于我背后左脚上步，同时，出右腿向我方腹部蹬击。我方立即左腿屈膝向右、向后提摆，身体向右旋转，并向上腾空跃起。（图 4 –71）

图 4 –71

3. 动作不停，身体在空中向右旋转，顺势出右腿向右横腿外摆，用脚掌摆击敌方头部。（图 4 －72）

【要　点】

拧腰旋转，腾空上摆，边旋边踢。

图 4 －72

二十三、银蛇穿雾

【用　法】

1. 敌我对峙。

2. 我方主动攻击，身体略向左转，左脚进步之际，右脚勾踢敌方右脚脚跟。敌方右腿屈膝上提躲避。（图 4 －73）

图 4 －73

3. 我方动作不停，右勾踢腿向左、向下落回后，蹬地向上跳起，身体腾空，向左翻身旋转，左脚脚尖上勾，脚跟向左外摆，踢击敌方面部。（图 4－74）

图 4－74

【要　点】

身体提纵腾跃要轻灵、敏捷，动作连贯、快速，顺势而发。

二十四、龙卷长风

【用　法】

1. 敌我对峙。

2. 我方主动攻击，左脚进步，右脚上步，出右拳击打敌方面部。敌方俯身低头，避开我方右拳。（图 4－75）

图 4－75

3. 我方动作不停，身体向上腾跃，并向左、向后旋身转体。（图 4－76）

4. 在空中，迅速出右脚横扫敌方头部。（图 4－77）

图 4－76

图 4－77

【要　点】

拧腰转体，腾空旋劲，收腹夹裆，双膝内扣，里合横扫。边旋边踢，快速有力。

第五章　少林追魂十八腿

追魂十八腿，隶属少林戳脚门，它以提、圈、掀、插、摆、点、踢、蹬为根，八法主导，左右互换，技法连环，变化多端。一旦练成，招招制敌，腿腿追魂。

一、连环飞脚

【用　法】

1. 敌我对峙。（图 5－1）

图 5－1

2. 敌方进右步用右拳击打我方面部。我方迅疾出左手向上、向左拦截，同时，用右脚弹踢敌方腹部。（图 5－2）

3. 敌方受击撤身。我方乘机收回右腿，随即起左腿向前弹踢敌腹，同时出右拳冲向敌胸。（图 5－3）

图 5 –2

图 5 –3

4. 动作不停，我方迅速收屈左腿，右脚起跳，向上腾空，伸腿向前弹踢敌方面部。（图 5 –4）

【要　点】

弹腿只有对敌突然攻击，再连环出腿猛攻，方能使敌防不胜防，而重创之。

图 5 –4

二、飞云跺子脚

【用　法】

1. 敌我对峙。

2. 敌方上左步出右腿侧踹我方胸部。我方左脚向左方迈步，侧身避过。（图 5－5）

3. 我方乘敌收腿之际，纵身跃起，用右脚踹击敌方颈部。（图 5－6）

图 5－5

图 5－6

【要　点】

此招先闪其势懈其力，乘敌旧力略过新力未生之机，再起腿踹击敌方。时机的把握要恰到好处。

三、提皇飞云脚

【用　法】

1. 敌我对峙。

2. 敌方左脚前移步，右脚上前一步，同时，左拳击打我方小腹。我方迅疾提起右膝，以小腿前胫部向左前方拦截敌方左前臂外侧。（图 5－7）

图 5－7

3. 动作不停，我方上身向左后稍倾，右腿伸膝踹击敌方面部。（图5－8）

【要　点】

提皇，即将一腿屈膝提起，扣膝护裆，再借机用膝撞击敌方或伸膝踹击，可防可攻。

此招腿法在提膝时要恰到好处，拦截敌臂后，敌尚未收手，就将脚踹出去，使敌防不胜防。

图5－8

四、扣金钟

【用　法】

1. 敌我对峙。

2. 敌方右垫步进身，左脚向我方裆部踢来。我方左脚尖外摆，上体略左转，起右腿向前、向上、向左屈腿画弧，脚掌里扣，屈膝绷脚拦截住敌小腿。（图5－9）

图5－9

3. 敌腿受阻，刚欲收回。我方则乘势出右腿以脚尖穿点敌裆部。（图 5－10）

图 5－10

【要　点】

拦截腿绕圈摆动先防开敌方的攻击腿，即借势出腿击敌。连消带打，攻防兼具。

五、揭掀腿

【用　法】

1. 敌我对峙。

2. 敌方进右步出右拳击打我方面部。我方立即出左手立掌向上、向左拦截敌右前臂内侧。（图 5－11）

图 5－11

3. 我方随即起右脚向前、向上踹击敌方右腋部。（图 5－12）

4. 敌方腋部被击，刚欲收势。我方顺势右脚向下踩踏敌右腿膝关节。（图 5－13）

图 5－12

图 5－13

5. 我方右脚落步，右拳连环冲击敌胸部。（图 5－14）

6. 敌方连受重击，后退躲避。我方左垫步，乘势身体跃起，右脚踹击敌咽喉部。（图 5－15）

图 5－14

图 5－15

【要　点】

第一次踹击时，身体正直，挺胸收腹，右腿稍向内掀。第二次踩击时，身体稍向左转。垫步进身后再腾空跃起，拧腰送胯。

六、摆莲腿

【用　法】

1. 敌我对峙。

2. 敌方右垫步进身，右拳击打我方胸部。我方左脚收步，右脚迈向左前，身体左转，侧身避过敌拳。（图5－16）

3. 我方避过敌拳后，迅速右转身体，并稍后仰，提右腿向右、向上摆划，用脚尖扫点敌方头部右侧。（图5－17）

图5－16

图5－17

4. 我方右腿摆点后继续适度右摆，右脚脚尖勾起，于右侧再向左前方横扫敌面部。（图5－18）

【要　点】

点、扫均需拧腰掀胯，外摆腿和里合腿要连贯，快速有力，连环踢击。

图5－18

七、白蛇吐信

【用　法】

1. 敌我对峙。

2. 我方右垫步进身，左脚弹出用脚尖点击敌方胸部。敌方出手相截。(图 5－19)

3. 我方收回左脚向右脚后侧下落，右脚和身体借势左转。(图 5－20)

图 5－19

图 5－20

4. 敌方两手推拨我左脚突然落空，必欲前扑。我方迅疾弹出右脚，用脚尖点击敌胸部。(图 5－21)

【要　点】

我方先出左腿点击，敌出手拦截并前推，我方即顺劲下落、转体，再出右脚点击。两势连贯而发，力达脚尖，还可收到点穴之效。

图 5－21

八、马踏金鼎

【用　法】

1. 敌我对峙。

2. 敌方右垫步进身，左拳击打我方面部。我方略仰身避躲的同时，右脚里合上踢敌方攻来的左手臂外侧，将其攻势化解。(图 5－22)

3. 动作不停，我方右脚下落，脚掌内扣，用脚底踩击敌左膝关节外侧，致敌膝关节受损而跪地。(图 5－23)

图 5－22

图 5－23

【要　点】

右脚里合的幅度不宜过大，主要是内摆踢开敌方的进攻手臂。顺势下踏脚要快而沉劲，踩击部位准而有力。

九、鸳鸯脚

【用　法】

1. 敌我对峙。

2. 我方左脚进前一步，上体右转，右脚向后撩踢，以前脚掌撩击敌方下颌部。(图 5－24)

图 5－24

3. 我方右脚落地，身体右转，左脚向右扫勾敌方左脚跟。（图 5 －25、图 5 －26）

图 5 －25

图 5 －26

图 5 －27

4. 敌方左脚跟被勾踢而仰身。我方迅速再用左脚向后、向上撩踢敌方后脑部。（图 5 －27）

【要 点】

此招以连续的撩踢为主，勾踢只是为第二次撩踢制造战机。整招动作连贯自然，一气呵成。

十、春笋出土

【用 法】

1. 敌我对峙。

2. 敌方右垫步进身，左拳击打我方面部。我方左脚尖外展，左倾身，右腿提膝躲避敌拳。（图 5 －28）

图 5 －28

3. 在敌方左拳出击未中，刚欲变势之际，我方乘势身体下俯，双手撑地于左脚前方，右腿伸膝向上踹击敌胸部。(图 5－29)

图 5－29

【要 点】

转身提膝灵活迅速，双手及左脚撑地稳固，右腿直腿挺膝，力达脚跟。

十一、金鸡跳墙

【用 法】

1. 敌我对峙。

2. 我方左脚进步，提起右腿向前正蹬敌胸部。敌缩身躲避。(图 5－30)

图 5－30

3. 我方身体继续左转，右脚向左摆、收腿、下落，背对敌方。（图 5－31）

图 5－31

4. 随即，右脚下落，身体前倾，左腿向后蹬直，脚面绷平，用脚尖点击敌方心口。（图 5－32）

图 5－32

【要　点】

进步蹬腿要快速，力量迅猛，顺势旋体转身发出左点腿击敌，招势连贯，力点突出。

十二、烈马奋蹄

【用　法】

1. 敌我对峙。

2. 敌方右脚上前一步，用左拳击打我方面部。我方右脚退步沉身，左手向上拦架于敌方左腕外侧。（图 5 -33）

图 5 -33

3. 随即右垫步，左脚向前弹起，身体略左转，用左脚后跟倒踢敌方裆部。（图 5 -34）

图 5 -34

4. 我方左脚落地，以左脚掌为轴向右转 180 度，右脚向后上方摆扫，用右脚掌摆击敌头面部。(图 5－35)

图 5－35

【要　点】

撩踢突然，转身后摆腿迅速，以迅雷不及掩耳之势，将敌击倒在地。

十三、左右逢源

【用　法】

1. 敌我对峙。

2. 敌方右脚上进步，用右拳冲击我方面部。我方不退反进，弹出左脚踢向扑上来的敌方之小腹。(图 5－36)

图 5－36

3. 动作不停，左脚收落步，上体右转，右脚顺势向后横扫敌方右侧腰部。敌方向左闪步卸去我方的攻击力。（图 5－37）

图 5－37

4. 我方迅疾收落右步，左脚向前横扫敌后脑。（图 5－38）

图 5－38

【要　点】

弹腿迎击要抓住敌方刚攻上来的刹那间的时机，敌方一旦受阻，接下来后扫腿、前横扫即连贯出击，不给敌喘息之机。

十四、巨蜥竖尾

【用　法】

1. 敌我对峙。

2. 我方右垫步进身，提起左脚踹击敌方胸部。敌方左脚向右后侧撤步转身，避躲我方左腿。（图 5－39）

图 5－39

3. 我方收左脚向右脚内侧落步，上体右转，随之，右脚向后撩出，用脚尖撩击敌咽喉。（图 5－40）

图 5－40

【要 点】

第一腿踹击要猛，以打乱敌方的防守，后撩时目标要准确。

十五、落地盘花

【用 法】

1. 敌我对峙。

2. 我方左脚进步，前手虚晃，右脚乘机向前勾踢敌左脚后跟。敌提膝避过。（图5－41）

图5－41

3. 我方右脚踏实，屈膝下蹲，同时转体用左腿向后擦地扫敌右脚后跟，将其扫跌于地。（图5－42）

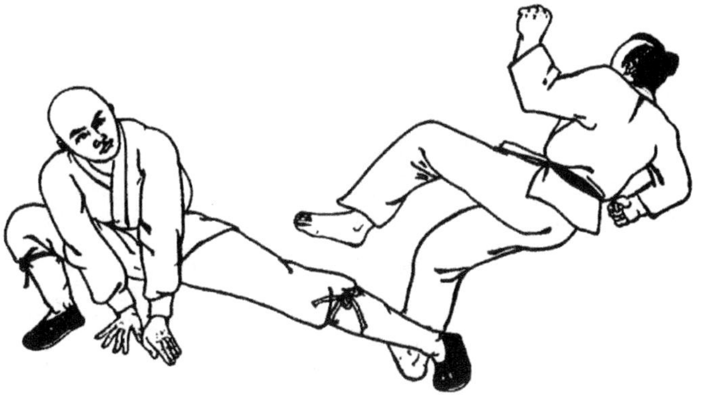

图5－42

【要 点】

扫堂腿的用法，要抓住敌方缺失防守的空隙才能使出腿奏效。第一次发出勾踢，敌方往往容易化解，所以重点要在第二次的落地后扫，迅速、力猛，一气呵成，防不胜防，将敌扫倒。

十六、风卷残云

【用　法】

1. 敌我对峙。

2. 我方右垫步进身，弹出左腿，用脚尖点击敌方面部。敌仰身偏移躲过。（图 5－43）

图 5－43

图 5－44

3. 我方左脚顺势向右脚前落步，随即，上体右转，提起右腿向右后摆扫，用右脚后跟摆击敌面部。（图 5－44）

【要　点】

高弹腿点击要突然，后高扫要连贯，力量猛狠，气势逼人。

十七、连环炮

【用　法】

1. 敌我对峙。

2. 我方右垫步进身，提起左脚踹击敌方嘴部。敌低身向右偏移躲避。（图 5 – 45）

图 5 – 45

图 5 – 46

3. 我方迅疾收落左脚，顺势左转身，提起右腿踹击敌方左肋部。（图 5 – 46）

【要　点】

连环踹，好似出膛的炮弹一般，连续而具爆炸性。两腿必须连发，不给敌喘息之机。

十八、蝎子弄尾

【用　法】

1. 敌我对峙。

2. 我方左脚进步，随之右垫步进身，提起左脚横扫敌方头部。敌左闪步俯身避躲。(图 5－47)

3. 我方左脚顺势下劈落于敌方右脚内侧。(图 5－48)

图 5－47

图 5－48

4. 动作不停，我方左脚勾住敌右小腿，猛劲向后撩踢而起，将敌掀跌而出。(图 5－49)

【要　点】

横扫腿出击时，敌一旦躲避，我方必须迅速将腿劈下形成第二次攻击的蓄势。后勾腿是见机顺势的招法。

图 5 －49

第六章　少林近战短腿

少林派常将膝法合在腿法里，称为“短腿”。膝法因其短促强劲，是近距离防守和攻击的惯用技法。在少林技击术中膝法很多，鉴于篇幅，本章只简单介绍几招，供读者参考。

一、进攻技术

（一）提膝正上顶

1. 当敌方正身刚向我靠近时，我方左腿支撑身体平衡，右腿屈膝上提，直顶敌方的腹部。（图 6 – 1）

2. 如果敌方已贴近我，我方即搂住敌方的脖子回拉，同时，屈膝上顶其腹部，或纵起双膝顶击。（图 6 – 2）

图 6 – 1

图 6 – 2

（二）提膝斜上顶

1. 当敌方已侧身向我靠近时，我方即屈膝上提成斜线上顶敌方的腹部。（图6－3）

2. 如果敌方已贴近我方时，我即搂住敌方的脖子向右侧拉，同时右膝斜顶其左肋部。（图6－4）

图6－3

图6－4

（三）提膝横撞

我方左脚尖外撇，独立支撑身体，上体向左微倾并转体，右腿屈膝上提沿横线撞击敌方。若敌方侧向靠近我，我即横撞对方腹、裆。如敌方正向靠近我，我即横撞敌肋部。（图6－5）

（四）提膝前撞

1. 当对方正身向我靠近或冲来时，我即屈膝上抬，仰身伸髋发力，向前撞击敌方腹部。（图6－6）

图 6 –5

图 6 –6

2. 我方也可主动向敌方冲击：左脚向前半步，同时，右腿借势屈膝上抬，撞向敌腹部。（图 6 –7、图 6 –8）

图 6 –7

图 6 –8

（五）屈膝下砸

1. 当敌方正身靠近我方时，我左脚上步，插入敌方两脚间，低身抱住敌两膝弯部。双手用力回拉，同时，用左肩向前下顶敌腹部，令其摔跌仰倒。（图6－9、图6－10）

图6－9

图6－10

2. 我方迅疾重心前移，左腿屈膝下跪，砸击敌方的裆部。（图6－11）

图6－11

二、防守技术

（一）提膝闪躲

1. 敌方用左侧铲腿攻击我方右小腿时，我迅疾提膝闪开。右脚随即反踹敌左小腿前胫。（图6－12、图6－13）

图6－12

图6－13

2. 对方用勾扫腿进击我方时，我可在提膝避过敌脚后顺势侧踹敌腹。（图6－14、图6－15）

图6－14

图6－15

（二）提膝阻挡

1. 当敌方用右侧踹腿攻击我方肋部时，我方提左膝阻挡敌方右脚踝内侧。（图6－16）

2. 当敌方用侧弹腿攻击我方肋部时，我方用提膝斜上顶的方法，不但可以横挡防守，而且可以顶撞而伤敌进攻腿。（图6－17）

图6－16

图6－17

三、综合技术

（一）侧闪提膝横撞

1. 敌方右冲拳击打我方面部。我方左脚向左前方上步，同时，上身向左稍倾并右转，闪开敌方的进攻。（图6－18）

2. 我方随即提起右膝横撞敌方胸部。（图6－19）

图 6－18

图 6－19

（二）下闪提膝斜上顶

1. 敌方右横拳进攻我方头部。我方迅速左脚上步，重心前移，缩身下蹲，避过敌拳锋芒。（图 6－20）

2. 我方乘势迅疾起身，提右膝顶敌腹部。（图 6－21）

图 6－20

图 6－21

（三）上架提膝上顶

1. 敌方由上而下进攻我方头部，或欲抓我方头发。我方两前臂交叉上架，同时，左脚上步，拦住敌方的进攻。（图 6－22）

2. 动作不停，我方提起右膝上顶敌方腹部。（图 6－23）

图 6－22

图 6－23

（四）搂推提膝斜上顶

1. 敌方上右步，用右拳冲击我方头部。我方迅疾上左步，左手向左搂叼其腕，右掌向左横推其肘。（图 6－24）

图 6－24

2. 防开敌方进攻时，我方迅速提起右膝上顶敌方腹部。（图 6－25）

图 6－25

（五）格挡提膝横撞

1. 敌方用右横扫腿攻击我方头部左侧。我方左脚向左摆步，同时，向左转体，双臂屈肘向左格挡敌右小腿部。（图 6－26）

2. 我方阻截住敌方右腿之际，迅疾左转体，提起右膝横撞敌腹。（图 6－27）

图 6－26

图 6－27

（六）下挂提膝斜上顶

1. 敌方用左脚正蹬我方腹部。我方用左臂内旋向下稍向右挂开敌左腿。（图 6－28）
2. 随即，我方右脚向前上步，提起左膝斜上顶击敌方的腹部。（图 6－29）

图 6－28

图 6－29

（七）双下挂提膝上顶

1. 敌方抱我方腰部时，我两臂向下稍向外挂开对方的两臂。（图 6－30）
2. 我方左脚上步，迅速提右膝上顶敌裆。（图 6－31）

图 6－30

图 6－31

（八）分掌提膝前撞

1. 敌方用双贯掌进攻我方头部。我方即左脚上步，双臂屈肘上挂护头。（图 6－32）

2. 两前臂内旋，掌心外翻，搂抓住敌方两臂，回拉的同时，提右膝前撞敌方腹部。（图 6－33）

图 6－32

图 6－33

（九）拧压提膝下砸

1. 敌方上左步，左拳击打我方面部。我方左掌向左成弧线缠拧敌方小臂，右掌下压敌左肘外侧，同时，上身左转，左脚上步。（图 6－34）

图 6－34

2. 敌方被迫下蹲前俯，我方迅速提膝再向下砸撞对方的左后臂。（图 6－35）

图 6－35

（十）搂推绊摔跪膝

1. 敌方上进右步出左拳击打我方面部。我方用左掌搂抓敌左前臂，同时，左脚向敌右脚外侧上步，并内扣勾住敌脚跟，右掌按住敌方左肩外侧。（图 6－36）

图 6－36

2. 随即，我方左手向下拧，右掌向左、向下推，将敌摔倒。接着，重心前移，身体下沉，右腿屈膝下砸敌肋部。（图 6－37）

图 6－37

（十一）挂挡横膝

1. 敌方右拳冲击我方头部，鞭踢右腿扫击我方腰部。我方进步屈左臂上挡敌拳，右臂下挂敌腿，化解掉敌方进攻。（图 6－38）

2. 我方随即前摆左步，向左转体，提右膝横撞敌方的腹部。（图 6－39）

图 6－38

图 6－39